ABRÉGÉ

DE LA

MÉTHODE MUSICALE STÉNOGRAPHIQUE.

Abbeville. — Imp. Jeunet.

NOTATION MUSICALE STÉNOGRAPHIQUE.

DE RAMBURES.

ABRÉGÉ DE LA MÉTHODE MUSICALE STÉNOGRAPHIQUE

OU

MANUEL PRATIQUE

pour servir

A L'EXÉCUTION DE LA MUSIQUE PAR LA NOTATION USUELLE OU PAR LA NOTATION STÉNOGRAPHIQUE MIXTE.

INTONATIONS ET DURÉES EXÉCUTÉES SIMULTANÉMENT,
LES MÊMES, ANALYSÉES SÉPARÉMENT.

PARIS.

RÉGNIER-CANAUX,
RUE SAINTE-APPOLINE, 17,
Près de la porte Saint-Denis.

BLANCHET,
RUE CROIX-DES-PETITS-CHAMPS, 9,
Près de la rue Saint-Honoré.

1855.

AVANT-PROPOS.

La sténographie musicale dont il est question ici, est vue de mauvais œil par quelques musiciens parce qu'ils s'imaginent bien à tort qu'elle n'est produite qu'en vue de réaliser l'idée chimérique de supplanter la notation usuelle, celle dont les siècles ont à jamais consacré l'usage universel et absolu.

Tous les jours l'on voit des littérateurs sténographes se servir de la sténographie, soit pour suivre la parole des orateurs, soit pour écrire leur copies particulières dix fois plus vite que par les procédés ordinaires de l'écriture usuelle, celle de tout le monde. Cela ne suscite de la part des littérateurs qui ne sont pas sténographes aucune critique ni aucune réclame en faveur des lettres de l'alphabet; il nous étonne de ne pas rencontrer la même placidité chez les musiciens au sujet d'une sténographie musicale qu'on leur propose.

Cependant, si l'exercice de la dictée musicale, dont aucun musicien ne contestera l'utilité et l'importance pour faire l'éducation de l'oreille, a un but, une portée véritable, c'est autant que l'on aura une écriture musicale alphabétique pour noter la musique à l'audition, comme on le fait pour la parole avec l'écriture alphabétique ordinaire pour les exercices de dictée grammaticale dans l'étude des langues. Quelle devra être cette écriture musicale alphabétique, sinon la sténographie musicale elle-même, conséquence et fruit de l'éducation de l'oreille pour tout bon musicien? Mieux vaut alors se servir pour les exercices de dictée de la sténographie musicale que de tout autre système de notation dont le but final ne pourrait être l'écriture musicale la plus rapide possible pour suivre le chant à l'audition aussi vite qu'il est émis. En un mot, l'art de sténographier la musique a besoin de la dictée, et la dictée pour porter ses fruits a besoin de la sténographie musicale.

Si de plus il était prouvé que les notes de la sténographie musicale sont très utiles pour les élèves qui commencent à étudier la musique sur la notation usuelle, tant pour les faire solfier avec rapidité que pour leur faire comprendre la théorie et l'analyse grammaticale de la musique, alors ce serait le caractère d'une bonne méthode d'enseignement musical de faire marcher de front l'étude de la musique sur les deux notations comparées et mises en parallèle, l'usuelle et la sténographique. C'est le but que nous avons cherché à atteindre dans la méthode d'où cet extrait est tiré.

Aussi que le lecteur ne soit pas étonné de nous voir attacher autant d'importance à l'emploi de la sténographie musicale comme moyen d'enseignement que comme spécialité propre à écrire la musique dix fois plus vite, comme *sténographie* en un mot. L'insistance que nous avons mise à proposer la sténographie musicale comme pouvant être un procédé d'enseignement musical, a été et sera encore de la part d'un grand nombre d'artistes un sujet de rejet. L'on refuse aux prétentions du réformateur ce que l'on eut accordé volontiers aux propositions du sténographe.

La sténographie musicale n'ajouterait rien dans sa spécialité au progrès de la musique, mais elle peut ajouter au progrès de l'enseignement de la musique ; il ne faut pas confondre. La musique, par le talent des compositeurs et des virtuoses, a atteint tous les développements et tous les progrès que l'on peut désirer, mais l'enseignement vulgaire de la musique n'existe pas, et il en sera ainsi tant qu'en fait de musique les hommes lettrés ne pourront faire l'analogue de ce qu'ils font pour la littérature, à savoir, être capables de lire ce qu'ils entendent, comprennent, jugent et répètent même.

Quand on parle de la lecture musicale possible à tous ceux qui savent lire leur langue, ce qui avec un système alphabétique serait tout aussi facile, la pensée du monde se reporte de suite sur tel ou tel artiste dont on admire l'exécution, et l'on ne voudrait jamais croire que soi-même, l'on pourrait faire de la musique d'ensemble, être musicien, comme M. *Jourdain* faisait de la prose, sans le savoir; pourquoi cela? Parce que le système de lecture musicale usuel s'oppose à ce que l'on puisse lire ce que l'on chante de routine avec la même facilité que tout le monde, au bout de quelques mois d'étude, a appris à lire ce qu'il parle de routine.

En fait de notation musicale, que se passe-t-il aux yeux, je ne dirai pas du philosophe, du logicien, il ne faut pas aller si loin, mais aux yeux de tout homme qui tient à raisonner d'après les règles du sens commun : d'une part des gens qui affirment d'autorité que tout est pour le mieux en fait de notation dans la notation usuelle ; d'autres gens au contraire qui affirment non plus d'autorité, mais par l'expérience des faits contradictoirement mis en parallèle, qu'une notation alphabétique, comme système de lecture musicale, est supérieure au système usuel. Lesquels croire des deux ? Evidemment ceux qui seuls opposent une conclusion tirée de l'expérience contradictoire des faits. En vain le nombre d'affirmations gratuites touchant la supériorité de la notation usuelle comme écriture, dépasse-t-il de beaucoup l'infime minorité de ces derniers. Le nombre n'est pas une preuve et ne fait rien à l'affaire. Le monde longtemps a été dupe d'erreurs que la science mieux informée a rectifiées ensuite.

Mais si chacun pour juger ne peut se livrer aux expériences contradictoires de l'enseignement de la musique sur les deux seuls systèmes différents de notation, tout le monde peut vérifier ce qui existe dans les écoles ouvertes d'après ces deux systèmes. Il y a des écoles où l'enseignement de la lecture de la musique est fondé sur le système alphabétique, en regard de toutes les autres écoles fondées sur la notation usuelle. Ceux qui ont à cœur les intérêts de l'art, ceux pour qui cela est une question vitale et d'avenir, ceux en un mot qui aiment à juger par eux-mêmes, peuvent vérifier le fait de la rapidité des progrès, même sans savoir la musique, il suffit d'avoir des oreilles et un calendrier. La question n'intéresse donc pas seulement les musiciens, mais tous ceux qui, doués d'une certaine activité d'esprit, savent qu'il n'est pas besoin de l'avis préalable du voisin pour juger par comparaison deux faits mis en parallèle. C'est tout ce que nous demandons pour le moment.

—

AVIS.

Comme cet opuscule n'est pas une méthode pour apprendre la musique sans maître ; comme il suppose au contraire l'intervention du maître explicateur pour la démonstration des principes, tableaux et exercices qui vont suivre, il ne renferme aucune explication : autrement il ne serait qu'une redondance des deux volumes de théorie dont il est un extrait.

Ce simple abrégé ne convient donc qu'aux élèves qui étudient la musique sous un maître, ou aux élèves qui ne voudraient s'en servir que comme moyen de rappel des principes exposés et longuement développés dans les deux volumes théoriques. Pour ces derniers, nous indiquons à chaque section ou tableau la page du volume auquel ces titres correspondent, afin qu'au besoin l'on puisse recourir aux explications.

Cet abrégé convient également aux musiciens lecteurs en notation usuelle qui, n'ayant pas besoin de recourir aux principes de grammaire musicale exposés dans la seconde partie de notre méthode, et ne voulant pas non plus être initiés aux principes de la sténographie musicale *pure* exposés dans la 3e partie de la même méthode, pour devenir musiciens sténographes, désireraient néanmoins connaître la notation sténographique *mixte*, qui sert aux publications musicales sténographiques *typographiées*, afin d'être en état de les lire à première vue et de s'en servir comme les élèves eux-mêmes qui ont appris la musique par cette notation.

Pour cela, ils n'ont qu'à traduire par les signes en notation usuelle qu'ils connaissent les signes d'intonation sténographiques qu'ils ne connaissent pas, et ils sauront lire ces derniers. Les gammes et exercices en canon ici consignés suffisent au double but d'apprendre l'une par l'autre les deux notations mises en regard.

L'on remarquera qu'il n'y a en réalité que 7 signes *nouveaux* d'intonation à apprendre pour toutes les octaves, puisque les figures de durée que prennent les 7 signes sont les mêmes que dans la notation usuelle. Ainsi, rondes, blanches, noires, croches, doubles-croches, etc.; barres, doubles-barres, etc., sont employées aussi bien dans la notation sténographique *mixte*, que dans la notation usuelle. C'est pour cela que les notes sténographiques, autrement combinées pour la durée quand il s'agit de les appliquer comme sténographie à suivre la rapidité du chant, reçoivent ici, pour une application spéciale, la lecture de la durée musicale typographiée, le nom de notation *mixte*.

Cet abrégé ne devant servir qu'à la notation mixte, nous renvoyons le lecteur qui voudrait connaître la sténograpbie musicale proprement dite, aux pages contenant l'explication de la sténographie musicale *pure* exposée aux tableaux *lithographiés*, le tout faisant partie du 3e volume de notre méthode intitulé *Notations comparées de la Musique*.

Par là, les musiciens qui seraient déjà initiés à la notation mixte ici exposée, pourront voir si l'étude de la 3e partie de cette méthode, concernant l'art d'écrire le chant à la dictée aussi vite qu'il est émis, peut ou non aller à leur usage.

CHAPITRE I.

Signes d'intonation comparés.

SECTION 1re. — Principes de la notation usuelle.

Pour constituer les signes de la gamme des sons, ut, ré, mi, fa, sol, la, si, ut, l'on s'est servi d'un seul signe : le point • et ce point reçoit son nom par la position qu'il occupe sur et entre cinq lignes horizontales tracées à l'avance et que l'on appelle portée.

Les notes s'écrivent sur les lignes et interlignes de la portée de bas en haut.

Exemple :

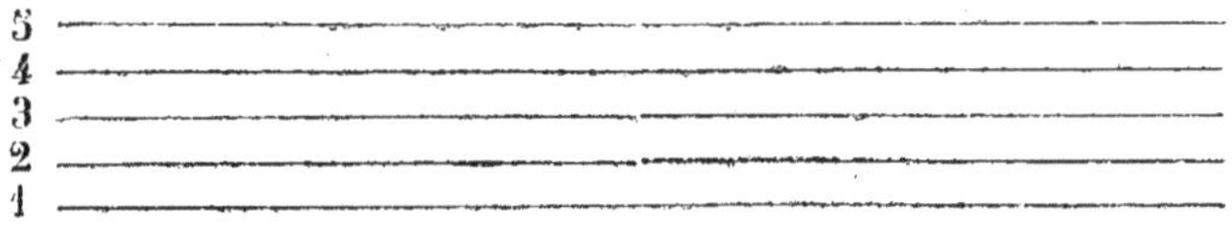

5 ————————————————
4 ————————————————
3 ————————————————
2 ————————————————
1 ————————————————

Mais le point pour signifier *ut*, par exemple, exige 10 accessoires, autrement dit 10 signes, c'est-à-dire 5 barrreaux et les espaces compris entre ces barreaux. Inconvénient immense, sinon pour la pratique habituelle de la musique, du moins pour les commencements et l'exposé alphabétique et grammatical de la musique.

Utilisons donc le point, cette unité géométrique précieuse pour la notation musicale, mais faisons-en une meilleure application, une application sténographique, qui puisse servir à la fois aux démonstrations grammaticales de la musique et aux premiers éléments d'une bonne sténographie musicale.

SECTION 2me. — Principes de la notation sténographique.

§ 1er. — **Racines géométriques.**

Le point • ajouté à lui-même..... ou s'allongeant en droite en courbe en cercle

| C O

voilà l'unité sur laquelle repose toute la sténographie !

(Voyez tome II, page 37.)

Pour les 3 premières notes, nous n'adoptons que les trois positions de la ligne telles que les fournit le triangle pyramidal △ : la première / la deuxième \ la troisième — note prendront donc tout naturellement leur position dans le triangle, conformément à l'ordre des trois côtés de ce triangle.

Le • allongé en courbe (fournit quatre faces bien distinctes dans les positions horizontales ∩ ∪ et perpendiculaires.) (

Ces quatre faces sont celles que donnerait une croix de Saint-André inscrite dans le cercle, et le coupant par les quatre bouts en autant de segments détachés ⊗.

Par là les signes d'intonation sténographiques ont une étendue de quatre octaves bien suffisantes pour les besoins d'une portée.

Octaves									
4e	petite proportion.	/	\	—	∩	∪	⌉	⌈	bouclée.
3e		/	\	—	∩	∪	⌉	⌈	2e octave du médium
2e		/	\	—	∩	∪	⌉	⌈	non bouclée.
1re	grande proportion.	/	\	—	∩	∪	⌉	⌈	bouclée.
		a	é	i	eu	o	u	ou	
	ou bien	ut	ré	mi	fa	sol	la	si	

En cas d'insuffisance, des clés sont adoptées à la classification générale des sons musicaux, pour les portées qui conviennent à leur étendue, si grande qu'on puisse la supposer. Voyez le tableau ci-après.

(Voyez tome II, pages 38 et 39.)

SECTION 3. — Rapport de l'échelle des octaves de la sténographie musicale à l'échelle générale des octaves de la notation usuelle.

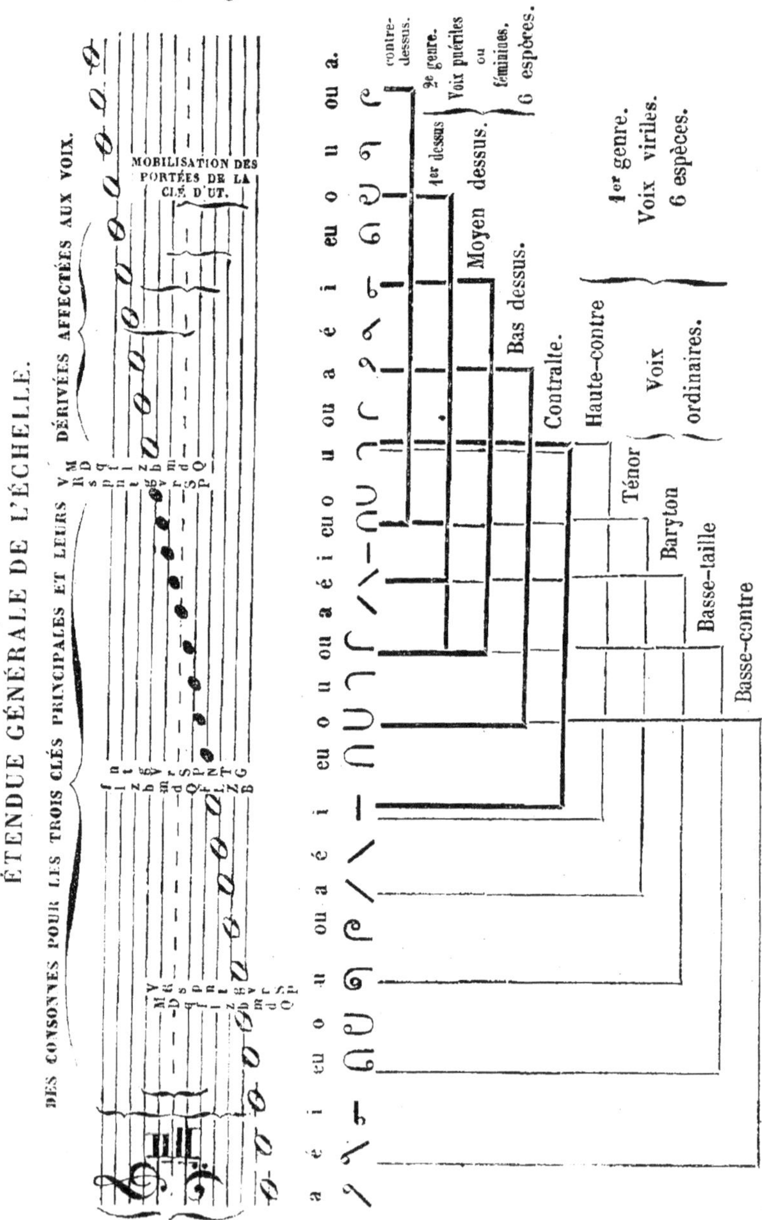

SECTION 4. — Manière d'étudier les signes d'intonation.

§ 1er. — Etude de la portée usuelle.

Le nom des lignes et des interlignes est représenté par ces quatre octaves de consonnes similaires,

P Q S d r m v b g z t l n f p q s D R M V B
. . . . P Q S d r m v b g z t l n f p q s D R M V

sonnant avec les voyelles :

o, u, ou, a, é, i, eu, o, u, ou, a, é, i, eu, o, u, ou, a, é, i, eu, o, u, ou, a, é, i, eu, o, u, ou, a, é, i, eu

tandis qu'à chaque octave les points blancs ou noirs placés sur ou entre les lignes, représentent les voyelles et sont nommés par elles.

Ainsi, en nommant les notes da, ré, mi, veu, bo, gu, zou, ta, lé, ni, feu, po, qu, sou, DA, RÉ, etc., l'on désigne le son, et par la place qu'il occupe sur l'échelle générale de la portée et par la propriété qu'il a dans chaque gamme s'échelonnant par octaves sur cette même portée. Exemple :

(Voyez page 45, tome II.)

Pour bien se graver la figure des signes dans la mémoire, il faut attaquer les difficultés une à une, se borner d'abord aux deux gammes intermédiaires.

Les trois notes essentielles de la gamme, celles qui en forment comme la charpente, sont da —— mi —— bo ; ajoutons-y le zou dont la propriété est très remarquable, quoique bien différente.

SECTION 5. — Rapport des clés sténographiques aux clés de la notation usuelle.

POUR VOIX PUÉRILES OU FÉMININES.

POUR VOIX D'HOMMES.

Effet des diverses portées des clés relativement à l'*ut* du médium sur la ligne duquel est posée la clé de ce nom.

(Tome II, page 50.)

Démonstration de l'invariabilité de l'*ut* du médium, dans le jeu des portées de chaque clé.

N.-B. — Voyez et vérifiez la raison de ces effets au tableau précédent de l'échelle générale de la portée et aux exemples suivants.

SECTION 6. — Application des clés aux diverses portées.

(Tome II, pages 52 et suivantes.)

Comme la sténographie musicale est entièrement basée sur la nomenclature des signes de la notation usuelle dont elle est et doit être le calque fidèle, afin que l'on puisse facilement passer de l'une à l'autre selon les besoins d'une transcription rapide, nous ne présentons ici aucun signe sténographique dont l'analogue ne soit donné en notation usuelle mise en regard. Tel est le motif du tableau précédent, dans lequel l'on trouve, indépendamment du rapport des clés sténographiques, la classification des clés usuelles tirée du tableau de l'échelle générale.

Maintenant nous allons exposer successivement l'usage particulier des clés dans leurs applications diverses à toutes les espèces de voix et d'instruments.

1° Clé de *sol*, 2e ligne, appliquée aux parties les plus élevées de l'échelle des sons (la plus usitée).

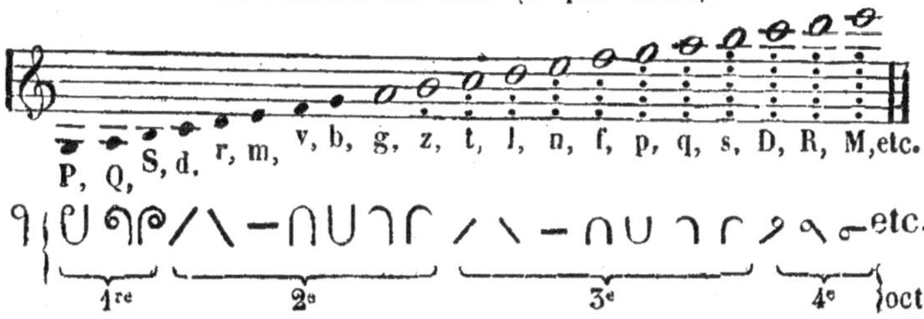

Clé de *fa*, 4e ligne (la plus usité après la clé de *sol*) appliquée aux parties les plus basses de l'échelle des sons.

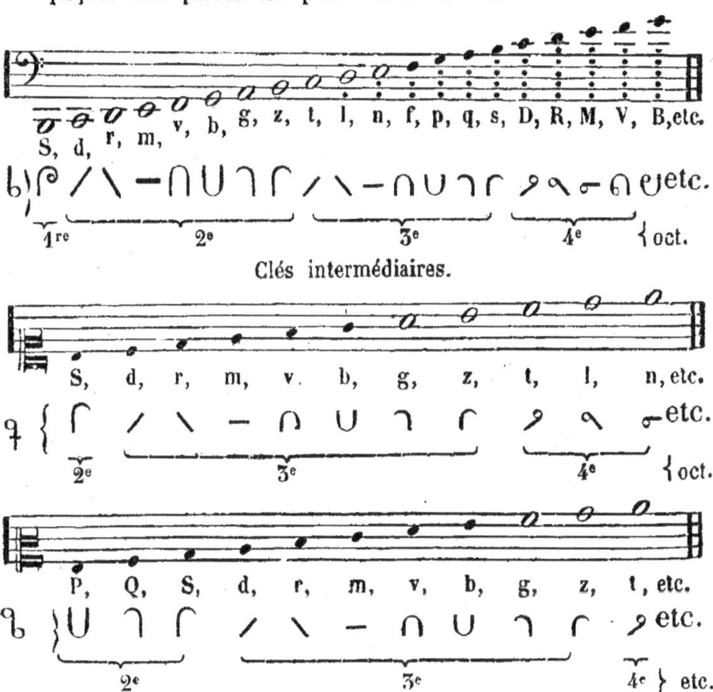

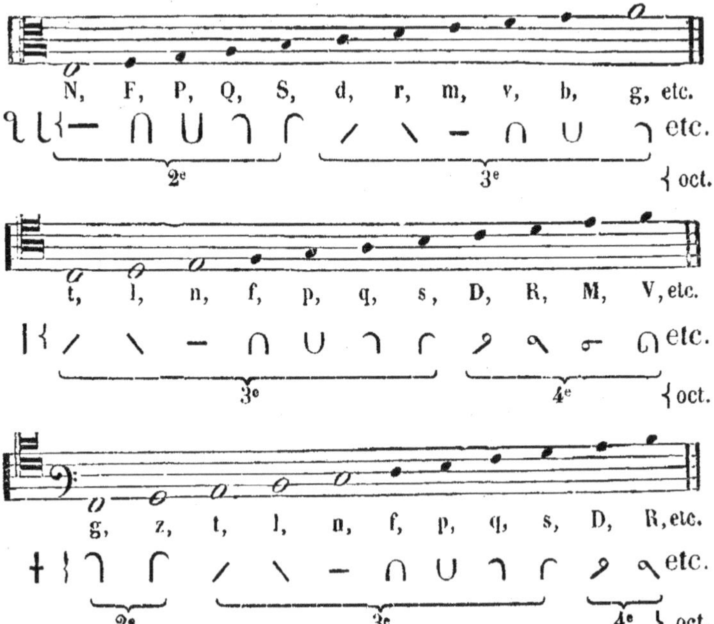

En résumé, à la différence de la notation usuelle avec laquelle la notation sténographique est mise ici en parallèle pour l'intonation, cette dernière s'aligne et se lit sur un plan horizontal. Les notes qui la constituent ne changent pas de physionomie dans les changements d'octaves et de clés. Les deux octaves intermédiaires se distinguent par la proportion et les deux octaves extrêmes par la boucle initiale.

Pour le chant, comme il n'est besoin que de trois octaves, l'usage a prévalu de n'employer que les trois dernières octaves et de laisser de côté la première octave, grande proportion bouclée.

L'on transcrit ensuite de la notation usuelle en notes sténographiques, conformément à l'exemple ci-dessus, des exercices de chant à notes égales ou considérées comme telles, sans se préoccuper du rhythme, puis, l'on s'habitue à relire ce que l'on a écrit.

TABLEAU SYNOPTIQUE DES INTERVALLES.

Degrés de la gamme sur lesquels ils reposent.

Compléments de la colonne parallèle.						*Complément de la colonne parallèle.*
7 secondes..	5		╮ . . ╭ . . . . ╮		1	7 septièmes.
	4		∪ . ╮ . . . . ∪		2	
	3	Majeures.	∩ . . ∪ . . . . ∩	Mineures.	3	
	2		\ . — . . . . \		4	
	1		/ . . \ . . . . /		5	
	1	Mineures.	— ∩ . . . . —	Majeures.	2	
	2		╭ / . . . . ╭		1	
7 tierces.....	3		∪ . . . . ╭ . . . . ∪		1	7 sixtes.
	2	Majeures.	∩ . . . . . ╮ . . . . ∩	Mineures.	2	
	1		/ . . . . . — . . . . /		3	
	1		\ . . . ∩ . . . . \		4	
	2	Mineures.	— . . . ∪ . . . . —	Majeures.	3	
	3		╮ . . . / . . . . ╮		2	
	4		╭ . . . \ . . . . ╭		1	
7 quartes....	1	Majeure.	∩ . . . . ╭ . . . . ∩	Mineure.	1	7 quintes.
	6		/ . . . . ∩ . . . . /		6	
	5		\ . . . . ∪ . . . . \		5	
	4		— . . . . ╮ . . . . —	Majeures.	4	
	3	Mineures.	∪ . . . . / . . . . ∪		3	
	2		╮ . . . . \ . . . . ╮		2	
	1		╭ . . . . — . . . . ╭		1	

(Voyez tome II, page 88.)

SIGNES COMPLÉMENTAIRES

POUR L'INTONATION.

Signes de tonalité dits altératifs ou accidentels.

La note dite haussée est précédée d'un petit signe que l'on appelle dièse, ex. : ♯∩∪ vun bo,
qui fait l'effet ⌈/ zou ta en montant, et la note dite baissée est également précédée d'un autre petit signe que l'on appelle bémol, ex. : ♭⌈⌉ zune gu,
qui fait l'effet ∩— veu mi en descendant.

Lorsque l'on veut effacer l'effet du dièse ou du bémol, et rétablir ies degrés de la gamme qui ont été altérés dans leur état normal, l'on se sert du signe appelé bécarre qui se pose aux lieu et place du dièse ou bémol avant la note.

Exemple : vun bo ♯∩ ∪ — zune gu ♭⌈ ⌉

♮∩ ∪ ♮⌈ ⌉
veu bo zou gu

Gamme entière.

Dièse	/	\	—	♯∩∪		⌉	⌈⌐
Bécarre	/	\	—♮∩	∪		⌉	⌈⌐
Bémol	/	\	— ∩	∪		⌉♭⌈	⌐
Bécarre	/	\	— ∩	∪		⌉	♮⌈⌐

En sténographie musicale le dièse ♯ se traduit par un point, Ex.: ∩ ou ∩ Le bémol ♭ par une cédille ⌈ ou ⌈ Le bécarre ♮ par un petit trait perpendiculaire ∩ ou ∪ ⌉ ou ⌈ lesquels se placent sur ou sous la note. Ex. :

Dièse	/	\	—∩		∪	⌉	⌈⌐
Bécarre	/	\	—∩		∪	⌉	⌈⌐
Bémol	/	\	—∩	∪		⌉	⌈⌐
Bécarre	/	\	—∩		∪	⌉	⌈⌐

TABLEAU A COMPARTIMENT MOBILE DE LA LANGUE DES INTONATIONS.

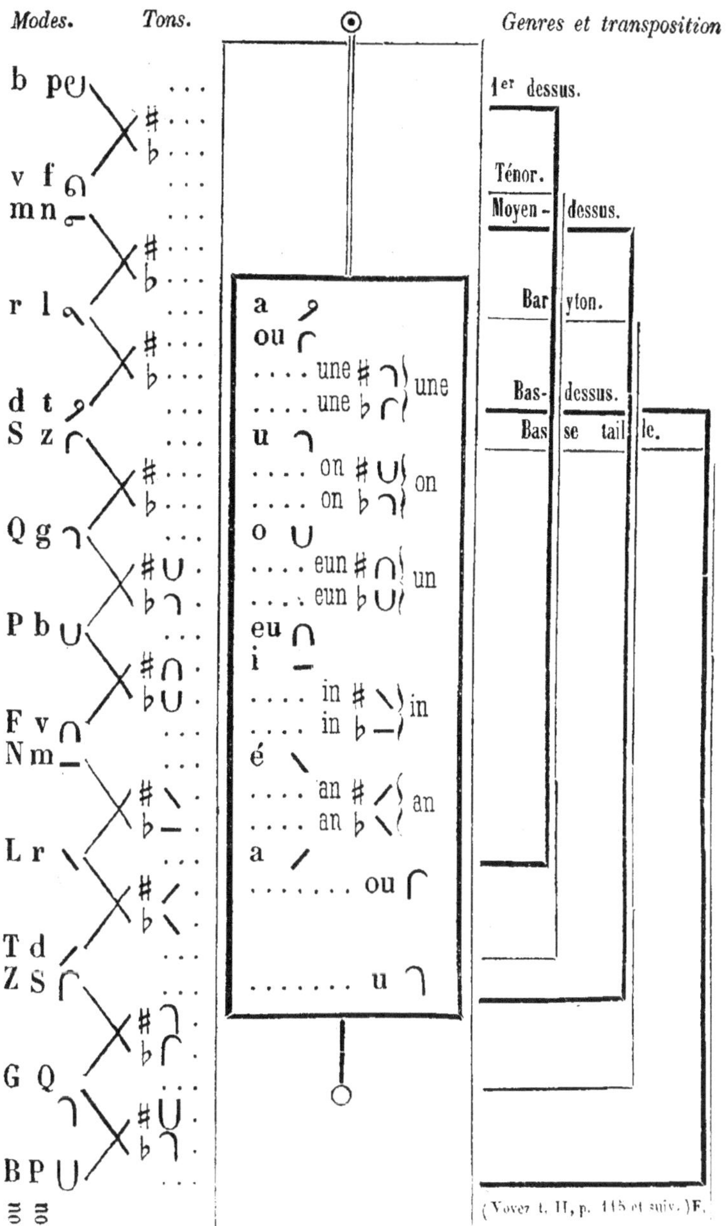

(Voyez t. II, p. 115 et suiv.) F.

SECTION 7. — Application du tableau précédent à la transcription diatonique pour la musique vocale.

(Voyez t. II, p. 116 et suiv.)

La voix humaine pouvant chanter tous les airs majeurs sur la gamme de / (da) majeur et les airs mineurs sur la gamme de ˥ (gu) mineur dans tous les tons, il est plus commode de noter tous les tons de la musique vocale avec les signes de la gamme de / ou de ˥ en ayant soin de marquer la correspondance de la note / avec le degré ou note du ton prise sur l'échelle générale et transposée en / *da.* Partant de là, prenons une série d'exemples où les divers systèmes de notation chromatique et diatonique solfiés par des systèmes de solmisation analogues soient mis en regard. Vérifions ces diverses opérations avec le tableau mobile de tonalité ci-après, page 19, et nous aurons la solution de la question ici posée et les modèles suffisants pour la mettre en exécution.

Exemples, soient :

1° La quinte du ton primordial de *da mi bo*, ton de *bo* que nous appellerons *Bazilo* (manière d'indiquer en un seul mot les 3 notes caractéristiques du ton et du mode).

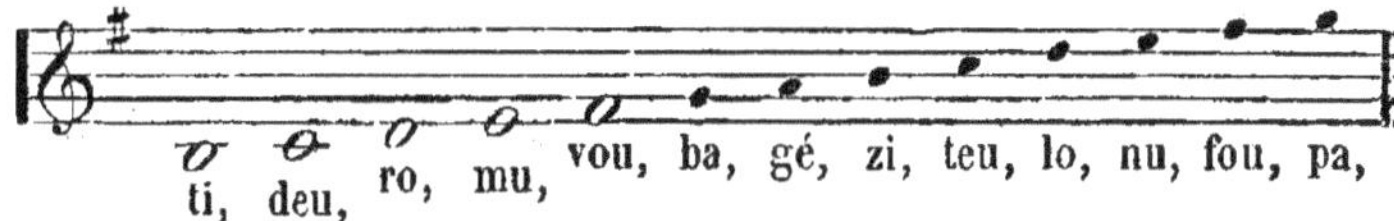

Pour la musique instrumentale en notation chromatique, nous écririons ainsi :

୧ ∩ { ɾ / \ — ∩ U ˥ ɾ / \ – ∩ U etc.

Et nous solfierions ; ou en solmisation double (1) :

Si, deu, ro, mu, vou, ba, gé, zi, teu, lo, nu, fou, pa, etc.

(1) Nous entendons par solmisation double, celle qui, en une seule syllabe, fait articuler à la fois la place et la propriété du son ; et par solmisation simple, celle qui, optant entre la place chromatique ou entre la propriété diatonique des sons, ne fait prononcer et entendre que l'un ou l'autre de ces deux systèmes.

Ou en solmisation simple chromatique :

Sou, da, ré, mi, vun, bo, gu, zou, ta, lé, ni, fun, po, etc.
vou, ba, fou, pa.

Pour la musique vocale en notation diatonique, nous écririons :

t. ٩∪ { — ∩ ∪ ˥ Γ / \ — ∩ ∪ ˥ Γ ⸗ etc.

Et nous solfierions ; ou en solmisation double :

PI, PEU, PO, PU, POU, ba, bé, bi, beu, bo, bu, bou, *pa*, etc.

Ou en solmisation simple diatonique.

mi, veu, bo, gu, zou, ta, lé, ni, feu, po, qu, sou, DA, etc.

2° La quinte descendante ou la quarte du ton primordial *da mi bo*, c'est-à-dire le ton de *veu*, autrement dit de *vagito*.

Do, Ru, Mou, Va, Bé, Gi, Zeu, to, lu, nou, fa. pé, qi, etc.

En notation chromatique pour la musique instrumentale, nous écririons ainsi :

٩Γ { / \ — ∩ ∪ ˥ Γ / \ — ∩ ∪ ˥ etc.

Et nous solfierions ; ou en solmisation double :

do, ru, mou, va, bé, gi, zeu, to, lu, nou, fa, pé, qi, etc.

Ou en solmisation simple chromatique :

da, ré, mi, veu, bo, gu, zune, ta, lé, ni, feu, po, qu, etc.
gi, zeu.

En notation diatonique, pour la musique vocale, nous écririons ainsi :

t. ٩∩ { ∪ ˥ Γ / \ — ∩ ∪ ˥ Γ ⸗ ⸜ ⸗ etc.

Et nous solfierions ; ou en solmisation double :

VO, VU, VOU, fa, fé, fi, feu, fo, fu, fou, *va*, *vé*, *vi*, etc.

Ou en solmisation simple diatonique :

bo, gu, zou, ta, lé, ni, feu, po, qu, sou, DA, RÉ, MI, etc.

3° La quinte ascendante du ton de *bazilo* précédent, ton de RÉ, autrement dit de *Ravigo.*

Pour la musique instrumentale en notation chromatique nous écririons ainsi :

Pour la musique instrumentale en notation chromatique, nous écririons ainsi :

et nous solfierions ou en solmisation double

PEU, QO, SU, dou, ra, mé, vi, beu, go, zu, tou, la, né, fi, pe,

ou en solmisation simple chromatique

PO, QU, SOU, dan, ré, mi, vun, bo, gu, zou, tan, lé, ni, fun, po,
dou, ra, vou, ba,

Et pour la musique vocale, en notation diatonique, nous écririons :

et nous solfierions ou en solmisation double

LEU, LO, LU, LOU, ra, ré, ri, reu, ro, ru, rou, la, lé, li, leu

ou en solmisation simple diatonique

veu, bo, gu, zou, ta, lé, ni, feu, po, qu, sou, DA, Ré, Mi, Veu

---

4° La quinte descendante ou la quarte du ton précédent de *vagito*, ton de zou bémol, autrement dit de *zalifo.*

Pour la musique instrumentale en notation chromatique, nous écririons ainsi :

ᒋ ⁄ ∖ – ∩ ∪ ˥ ᒥ ⁄ ∖ – ∩ ∪ etc.

Et nous solfierions ; ou en solmisation double :

SA, dé, ri, meu, vo, bu, gou, za, té, li, neu, fo, pu, etc.

On en solmisation simple chromatique :

SUNE, da, ré, min, veu, bo, gu, zune, ta, lé, nin, feu, po, etc.

Et pour la musique vocale, en notation diatonique, nous écririons :

t. ⁄ ∖ – ∩ ∪ ˥ ᒥ ⁄ ∖ – ∩ ∪ ˥ etc.

Et nous solfierions ; ou en solmisation double :

za, zé, zi, zeu, zo, zu, zou, sa, sé, si, seu, so, su, etc.

Ou en solmisation simple diatonique :

da, ré, mi, veu, bo, gu, zou, ta, lé, ni, feu, po, qu, etc.

Application des chiffres sténographiques d'intonation précédents à la mesure des durées.

1° : — SYSTÈME DE GALIN.

(Figures de durées indépendantes de la note ou du silence.)

(Voyez tome II, pages 207 et suivantes.)

Dans la musique, l'on ne peut et l'on ne doit distinguer que des sons ou articulés, ou prolongés, ou absents.

Partant de cette idée, *Galin* indique l'articulation de la note par son signe, la prolongation par le point, et le silence par un autre signe.

Les divisions et subdivisions de l'unité-note ou articulées, ou prolongées, ou absentes, sont représentées par autant de barres horizontales coupées et recouvertes par une barre principale rapportée à l'unité qu'elle représente. (Voyez les 3 tableaux suivants et les exemples d'application en les deux notations mises en regard et parallèle, ci-après pages 37 et suivantes.)

TABLEAU TIRÉ DU CHRONOMÉRISTE DE GALIN.

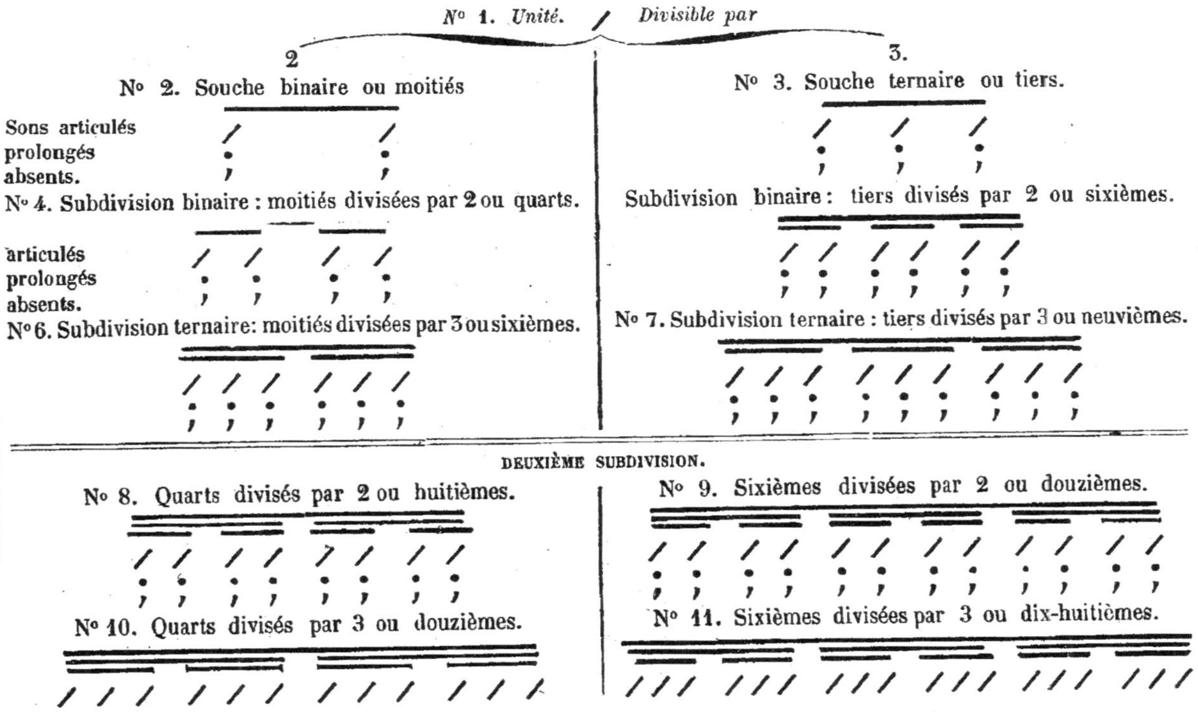

No 1. Unité. / *Divisible par*

2

No 2. Souche binaire ou moitiés

Sons articulés
prolongés
absents.

No 4. Subdivision binaire : moitiés divisées par 2 ou quarts.

articulés
prolongés
absents.

No 6. Subdivision ternaire: moitiés divisées par 3 ou sixièmes.

3.

No 3. Souche ternaire ou tiers.

Subdivision binaire : tiers divisés par 2 ou sixièmes.

No 7. Subdivision ternaire : tiers divisés par 3 ou neuvièmes.

DEUXIÈME SUBDIVISION.

No 8. Quarts divisés par 2 ou huitièmes.

No 10. Quarts divisés par 3 ou douzièmes.

No 9. Sixièmes divisées par 2 ou douzièmes.

No 11. Sixièmes divisées par 3 ou dix-huitièmes.

TABLEAU DE LA LANGUE DES DURÉES D'AIMÉ PARIS.

N° 1. T.

a é	a é i
Souche binaire.	*Souche ternaire.*
N° 2. Croches ou moitiés.	N° 3. Croches ou tiers.

articulés	ta	té	ta	té	ti
prolongés	a	é	a	é	i
absents	chu	u	chu	u	u

N° 4. Doubles croches. Quarts. — N° 5. Doubles croches. Sixièmes.

articulés	ta fa	té fé	ta fa	té fé	ti fi
prolongés	a a	é é	a a	é é	i i
absents	chu u	u u	chu u	u u	u u

N° 6. Triolets de doubles croches ou sixolets. 6mes. — N° 7. Triolets de doubles croches dans les 6/8 ou nonelets. 9mes.

ta ra la	té ré lé	ta ra la	té ré lé	ti ri li
a a a	é é é	a a a	é é é	i i s
chu u u	u u u	chu u u	u u u	u u u

N° 8. Triples croches. Huitièmes. — N° 12. Triples croches. Douzièmes.

ta za	fa na	té zé	fé né	ta za	fa na	té zé	fé né	ti zi	fi ni
a a	a a	é é	é é	a a	a a	é é	é é	i i	i i
chu u	u u	u u	u u	chuu	u u	u u	u u	u u	u u

N° 9. — N° 13.

tapaga	falama	tépégé	félémé	tapaga	falama	tépégé	félémé	tipigi	filimi
a a a	a a a	é é é	é é é	a a a	a a a	é é é	é é é	i i i	i i i
chuuu	u u u	u u u	u u u	chuuu	u u u	u u u	u u u	u u u	u u u

FORMULAIRE GÉNÉRAL DE LA DÉCOMPOSITION DU TEMPS MUSICAL PAR LA LANGUE DES DURÉES.

4	a a a		a a a	é é é		é é é	i i i		i i i	Subdivisions binaires et ternaires des divisions binaires, des moitiés ou des tiers.
3	a a .		a a .	é é .		é é .	i i .		i i .	
2	a . .		a . .	é . .		é . .	i . .		i . .	
1	a . .		. . .	é . .		. . .	i . .		. . .	
1	**T** . .		. . .	**T** . .		. . .	**T** . .		. . .	
2	t . .		f . .	t . .		f . .	t . .		f . .	
3	t z .		f n .	t z .		f n .	t z .		f n .	
4	t p g		f l m	t p g		f l m	t p g		f l m	
	A: 1re Moitié ou Tiers.			**E**: 2me Moitié ou Tiers.			**I**: 3me Tiers.			
4	a a a	a a a	a a a	é é é	é é é	é é é	i i i	i i i	i i i	Subdivisions binaires et ternaires des divisions ternaires, des moitiés ou des tiers.
3	a a .	a a .	a a .	é é .	é é .	é é .	i i .	i i .	i i .	
2	a . .	a . .	a . .	a . .	é . .	é . .	i . .	i . .	i i .	
1	a . .	. . .	. . .	é . .	. . .	. . .	i . .	. . .	. . .	
1	**T** . .	. . .	. . .	**T** . .	. . .	. . .	**T** . .	. . .	. . .	
2	t . .	r . .	l . .	t . .	r . .	l . .	t . .	r . .	l . .	
3	t b .	r d .	l v .	t b .	r d .	l v .	t b .	r d .	l v .	
4	t q n	r d m	l r g	t q n	r d m	l r g	t q n	r d m	l r g	

Lisez dans le sens des chiffres pour mettre en rapport les voyelles avec leurs consonnes.

2°. — SYSTÈME DE LA NOTATION USUELLE.

(Figures de durées incorporées dans le signe de la note ou du silence.)

(Voyez tome III, page 16 et planches lithographiées du même tome, pages 10 et suivantes.)

La sténographie musicale, par la propriété des signes qui la composent, indépendamment des avantages qui la font entrer comme chiffres dans le système de Galin, peut subir des modifications telles que, d'une part, elle prend des figures de durée qui la rendent le calque précis et exact de la notation usuelle, et de l'autre, par un agencement particulier des durées rapportées à une ligne tracée à l'avance, elle fait écrire toute la musique d'une manière assez rapide pour suivre le chant avec exactitude et sans confusion.

En conséquence, elle présente quatre cas d'application distingués en deux modes, ainsi qu'on peut le voir dans la 3e partie de la méthode consacrée à l'étude des notations comparées et de la sténographie musicale pure.

(Voyez t. III.)

Dans le premier mode les notes occupent, pour la durée, 3 espaces de l'alignement. Ces signes, par la simplicité de leurs formes, sont susceptibles ou de prendre sur des cahiers *ad hoc* une dimension telle, que les pages d'une seule partition deviennent lisibles à des centaines d'élèves à la fois: voyez 1er mode, 3e section, tableau 4, pages 8 et 9 des planches lithographiées du 3e volume, ou d'être réduits à des proportions tellement exiguës, que la même musique écrite tient la moitié moins de place en notation sténographique qu'en notation usuelle. Voyez 1er mode, 1re section, tableau 1er, pages 1re et 2 des mêmes planches.

Dans le même mode, 2e section, pages 2 et suivantes, pour le cas d'une application purement sténographique, les signes occupent également 3 espaces de l'alignement, mais prennent, pour quelques uns du moins, des modifications qui rendent leur tracé susceptible de liaison pour toutes les notes entre elles dans les groupes divisionnaires de la mesure.

Enfin dans le DEUXIÈME MODE dont il est ici question : Notation mixte pour la sténographie musicale typographiée ou pour l'écriture harmonique des instruments concordants, tels que piano, orgue, harpe, guitare, etc., etc., l'on fait subir aux signes pour la durée seulement quelques légères modifications qui permettent de supprimer la ligne d'espacement pour les six valeurs et rendent ces signes susceptibles de s'aligner sur un seul et même espace, comme l'écriture ordinaire de la langue orale, et par conséquent de rendre toutes les combinaisons harmoniques distinctes les unes des autres, quel que soit leur nombre et leur enchaînement.

Avec ces deux modes qui n'offrent pas les difficultés que les clés de la notation usuelle ont entre elles, toutes les exigences d'une bonne notation sont remplies avec bien plus d'avantage qu'avec les chiffres arabes, les seuls signes que la pratique ait essayés jusqu'ici de mettre à jour comme meilleur moyen d'initiation première à l'étude de la musique.

L'auteur en résumé n'a pas la prétention d'offrir la notation sténographique comme écriture à substituer à celle que l'usage a consacrée et que l'impression a rendue immuable, tant s'en faut: seulement, preuves en main, il prétend que la sténographie musicale par ses attributions didactiques, ou abréviatives selon les circonstances, possède une spécialité interdite à la notation usuelle, et que par conséquent, sans jamais être substituée à celle-ci, elle peut néanmoins obtenir dans le domaine de l'art une place utile.

N.-B. — Nous répétons ici une observation déjà faite dans le tome II, pages 186 et suivantes, au sujet des syllabes de solmisation: *da, ré, mi, veu, bo, gu, zou, ta, lé*, etc. Si nous avons proposé ces syllabes aux lieu et place des syllabes *ut, ré, mi, fa, sol, la, si* tirées arbitrairement de l'hymne de Saint-Jean *ut queant laxis*, etc., pour nommer les notes de musique, c'est pour des raisons que nous avons déduites ailleurs, et qu'il serait trop long de développer ici, mais ces raisons ne sont pas un obstacle à ce que l'on ne puisse utiliser les exercices et tableaux de notre méthode avec les syllabes de la solmisation usuelle. L'on peut donc, d'après le proverbe *ce qui abonde ne nuit pas*, négliger la dénomination nouvelle que nous proposons et lire les notes usuelles aussi bien que les notes sténographiques avec les syllabes anciennes *ut, ré mi, fa, sol, la, si, ut*.

CHAPITRE II.

NOTATION MIXTE.

Par les signes usuels de durée combinés avec les 7 chiffres sténographiques.

SECTION 1re.

SIGNES D'INTONATION.

Les mêmes que ceux désignés précédemment. (Pages 10 et suivantes.)

SECTION 2me. — Signes de durée.

Ces signes répondent parfaitement pour la configuration et la dénomination aux signes de durée de la notation usuelle comme on peut le voir aux deux tableaux suivants.

N.-B. — A la différence des 2 volumes d'où est extrait le texte de cet opuscule, le signe ou le point de prolongation ▮ a été changé contre le signe du silence • parce que beaucoup plus fréquent, il devient plus facile à écrire et le signe du silence est désigné par la virgule ,

Signes de prolongations.

La note barrée est augmentée de la moitié de sa valeur.

Du point augmentatif pour les notes.

A défaut de la barre, une note est augmentée de la moitié de sa valeur par un point mis à sa suite, des 3/4 par 2 points, des 7/8 par 3 points.

Pour les silences.

Le point s'ajoute après le silence comme après les notes; ou bien l'augmentation de fraction d'un silence s'indique par une figure de fraction de silence qui augmente le silence précédent de la moitié, des 3/4 ou des 7/8 de sa valeur.

TABLEAU DE LA GÉNÉRATION DES VALEURS; 1° : — POUR LA DIVISION BINAIRE.

Notes de :

4 .... temps.
3 .... t
2 .... t
1 .... t
1/2 .... t
1/4 .... t
1/8 .... t

Etc. Etc.

2° : — POUR LA DIVISION TERNAIRE.

4 ....
3 ....
2 ....
1 ....
1/3 ....

Etc., etc. (Voyez les subdivions ternaires des tableaux précedents.)

Exemple des mêmes durées pour les trois dernières octaves.

Signes des silences y relatifs.

	Notes de :
Rondes.	4
Blanches pointées.	3
Blanches.	2
Noires pointées.	
Noires.	1
Croches détachées.	1/2
Doubles croches id.	1/4
Triples croches id.	1/8

Notes formant groupes sous des barres horizontales pour désigner et peindre les fractions de l'unité de temps.

Quadruples croches.	1/16	etc.	etc.	etc.	etc.

Pour le rapport et la règle des durées (voyez le Titre II du Tome 11.)

CHAPITRE III.

Signes complémentaires propres aux 3 modes de la sténographie musicale.

Si la sténographie musicale n'avait pour but la recherche des éléments graphiques les plus simples et les plus rapides pour tous les éléments employés dans la langue musicale, la nomenclature des signes sténographiques s'arrêterait ici, et l'on pourrait, pour tout le reste, se contenter des signes complémentaires ordinaires employés dans la notation usuelle. Mais comme à ces signes peuvent en être substitués d'autres, ou plus courts à tracer, ou constitués de manière à éviter toute confusion avec des signes déjà employés précédemment, il importe de terminer la série des signes déjà appliqués à l'intonation et à la durée, par ceux qui restent applicables comme signes conventionnels, signes accessoires et signes expressifs.

SECTION 1re. — 1° Signes conventionnels.

Les signes conventionnels sont ceux qui évitent au musicien la peine de marquer au long, ou plusieurs fois sur ses ouvrages, les intentions qui se représentent souvent, et que, pour abréger, l'on exprime par des caractères convenus.

Emploi du trait perpendiculaire. Barres de mesures, de reprises.

Un trait perpendiculaire, comme dans la notation usuelle, indique la séparation d'un nombre toujours égal d'unités de temps dont la quotité forme le chiffre de la mesure marqué en tête du morceau. Exemple :

Barre de mesure. | et || double barre, coupe de phrases ou périodes, c'est-à-dire d'un nombre égal ou symétrique de mesures, L ⊥ ⌋ Barres de reprises, indiquant la reprise de la quantité de mesures comprises entre un crochet et un autre crochet, double barre ou accolade. ⎨ ⎬ Signes de commencement ou de fin.

𝄋 Signe de renvoi au commencement, dit : da capo, ou D, C. Ces signes, les seuls employés dans la notation usuelle, ne suffisent pas et ne répondent pas à tous les cas de reprises qui peuvent se présenter dans la pratique. C'est pour cela que, faute d'indications suffisantes, l'on reproduit deux fois dans la copie de la musique des périodes semblables, parce qu'aucun des procédés usuels, indiqués plus haut, ne peuvent s'y appliquer. Comme le but de la sténographie musicale est principalement d'abréger autant que possible la copie, nous allons indiquer ici, par le moyen universel de marquer d'une manière claire toutes les reprises, celui d'éviter toute confusion et de marquer les reprises les plus éloignées entre elles. Pour cela, il suffit de chiffres et de lettres d'appel.

Ainsi, dans tout morceau où entrent des reprises, les coupures de phrases où commencent, où aboutissent des reprises, seront indiquées par des chiffres qui les numérotent.

Ces chiffres se placent par ordre de reprises au niveau de la double barre ou de la barre à crochet, du côté qui leur appartient. Lorsque les mêmes chiffres sont répétés, cela indique qu'il faut reprendre à partir de l'endroit ou le chiffre se répète, à la barre où se trouve le même chiffre, jusqu'à l'apparition d'un autre chiffre.

Dans la répétition d'une même phrase musicale il peut se trouver des variantes pour terminer la reprise, la 2e fois. Lorsque ces variantes sont placées pour terminer le morceau, ce qui arrive le plus ordinairement, l'on indique le point de la variante par une double barre surmontée d'un F, abréviation du mot fin, et la variante s'indique par un *f* placé au côté droit de la barre qui termine la reprise à laquelle elle appartient.

Lorsque ces variantes se trouvent dans des reprises autres que celles de la fin, l'on peut employer, pour les indiquer, les lettres a, b, c, d, e, etc., selon l'ordre alphabétique.

Les exemples suivants feront saisir ces explications.

N° 1 Allegro 1, 1, 2.

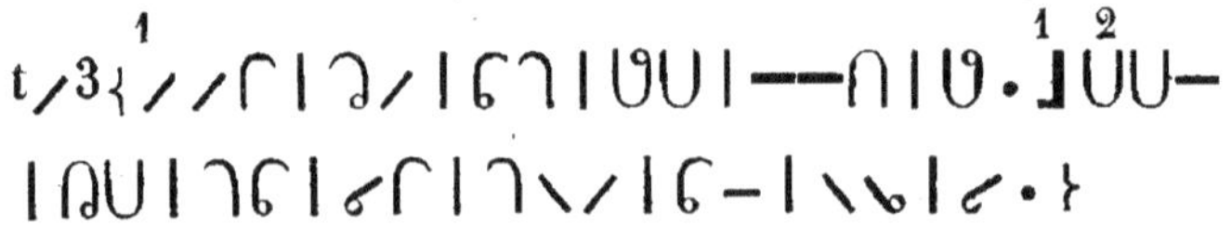

N° 2 *Andante* 1, 1, 2, 2, *F. F.*

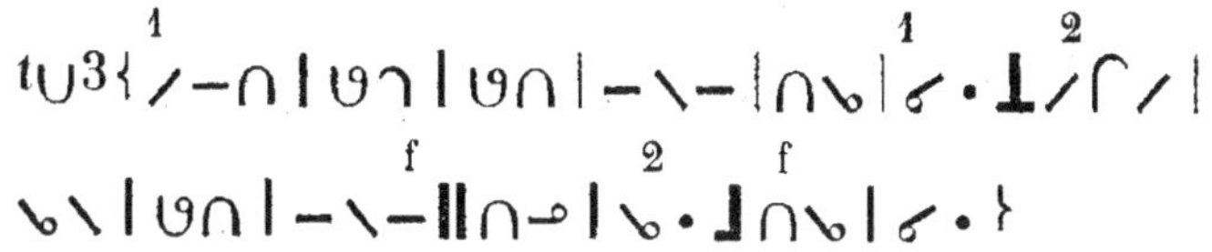

N° 4 *Andante* 1, 1, 2, 2, *f, f.*

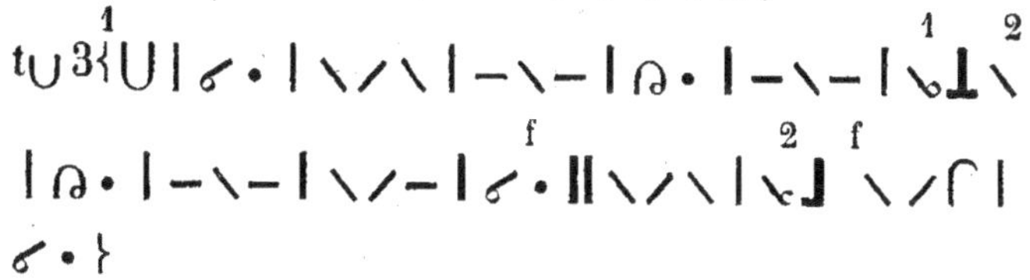

N° 4. Valse du Pauvre Diable,

Allegro 1, 2, 1

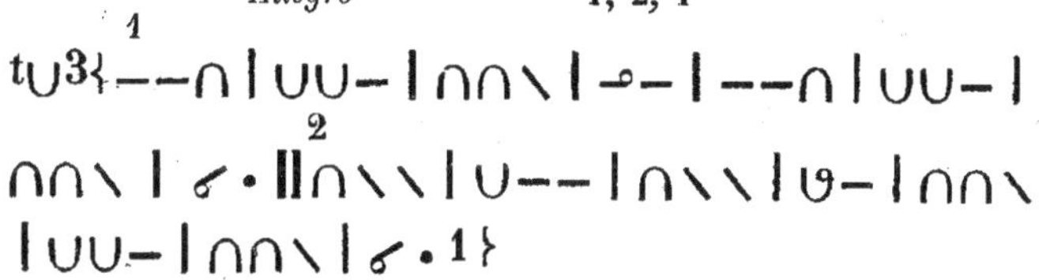

N° 5 *Allegretto.* 1, 1, 2, 1

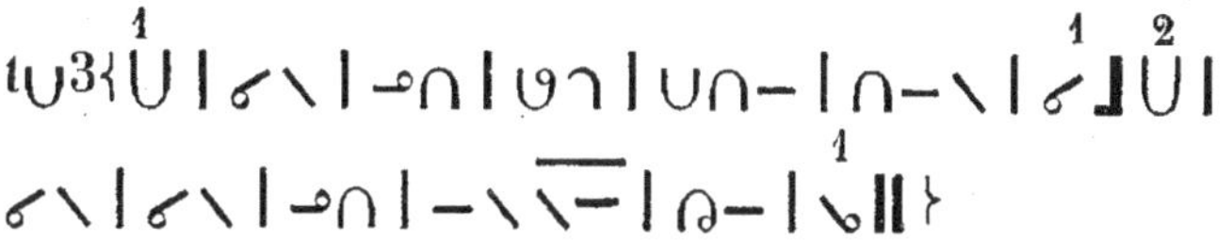

N° 6. *Andante* 1, 1, 2

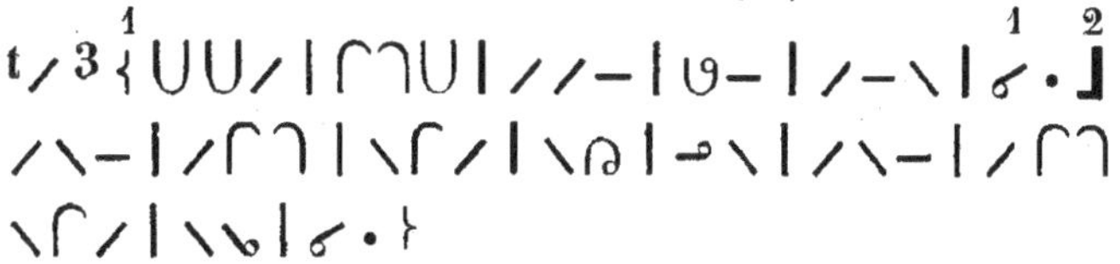

N° 7. Andante 1 *f* 2 *f*

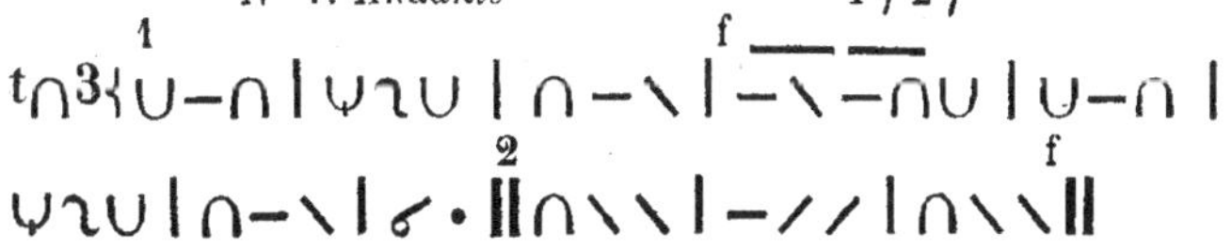

Les n°s 1, 2 et 3 ont des reprises faciles à saisir à première vue. Les n°s 4 et 5 présentent l'application de l'emploi de la lettre f combinée avec les chiffres. Il est facile de voir que la lettre f, qui veut dire pour finir, n'est applicable qu'à la reprise du chiffre 2. Le n° 7 présente le cas exceptionnel d'une reprise pour finir, à chercher dans le milieu du morceau.

Les exemples qui précèdent ne sont cités ici que pour faire connaître l'usage des chiffres et lettres de rappel. Les cas de reprises qu'ils représentent peuvent, à la rigueur, être résolus par les moyens ordinaires. Néanmoins, ils suffisent pour faire connaître et comprendre la solution des cas exceptionnels de reprises, où les moyens usuels sont incomplets ou insuffisants. Aimé Paris emploie des lettres pour le même objet ; nous nous sommes rencontré dans la même idée réalisée par des signes différents.

SECTION 2. — 2° Signes accessoires, ou signes destinés à indiquer diverses modifications accidentelles des sons.

Modifications des durées.

SIGNES DE SUSPENSION : Temps d'arrêt ou point d'orgue ◡ ou ◠ sur ou sous la note.

SIGNES DE RALENTISSEMENT : Ralent.

SIGNES DE GROUPES EXCEPTIONNELS : triolets (3) quintolets (5) sixolets (6).

SIGNES D'EXPRESSION OU DE NUANCES.

1° D'ARTICULATION : { détaché - / piqué sec , } sur une seule note. { ——— - / ——— , } sur plusieurs.

Coulé ⌐————⌐ servant également aux liaisons pour syncopes, s'emploie lorsqu'aucune articulation ne doit se faire sentir sur l'ensemble des notes qu'il couvre.

2° D'INTENSITÉ			
doux ou piano	⌐	ou bien	P
fort ou forté	⌙		F
très piano	⌐⌐		PP
très forté	⌙⌙		FF
piano forté	⌐⌙		PF
forté piano	⌙⌐		FP

L'un de ces signes, placé sur une note, indique que l'ensemble de toutes celles qui suivent subit le genre d'intensité qu'il indique, jusqu'à ce que l'apparition d'un autre signe d'intensité donne le signal du contre-ordre.

3° **D'ACCENTUATION** : Le signe du piano s'étendant sur une série de notes par une ligne de prolongement et terminé par le crochet du haut, indicateur du *forté*, exprime le *crescendo*, c'est-à-dire le renflement insensible du son appliqué à l'ensemble des notes qu'il couvre.

Ex.

/ \ – ∩ ∪ ˥ ┌ ♪

C'est le contraire avec le signe du forté.

Ex.

♪ ┌ ˥ ∪ ∩ – \

Jonction des deux genres.

/ \ – ∩ ∪ ˥ ┌ ♪ ♪ ┌ ˥ ∪ ∩ – \ /

Signe d'*attaca subito*, c'est-à-dire signe d'accentuation prononcé sur une seule note, et cessé immédiatement sur les notes suivantes : / \ etc.

4° SIGNES DE FIORITURES OU D'ORNEMENT.

1° *Notes d'agrément ou appoggiature.*

∩ ∪ ˥ ┌ / \ – ∩ ∪ ˥ ┌ ♪ ↘ ⌐ ∩ ∪ etc.

L'appoggiature n'est autre chose qu'une petite note placée devant une note principale à la distance d'une seconde majeure ou d'une seconde mineure, soit en dessus, soit en dessous. Cette petite note est sans valeur quant à l'harmonie, mais elle a une valeur mélodique fort importante à considérer. Quant à sa durée, elle l'emprunte à la note qu'elle précède ; cette durée est de moitié, si la note principale est une ronde, une blanche ou une noire ; si l'une de ces notes est pointée, la durée de l'appoggiature est des deux tiers. L'appoggiature est préparée lorsqu'elle est précédée d'une note sur le même degré. Ex.

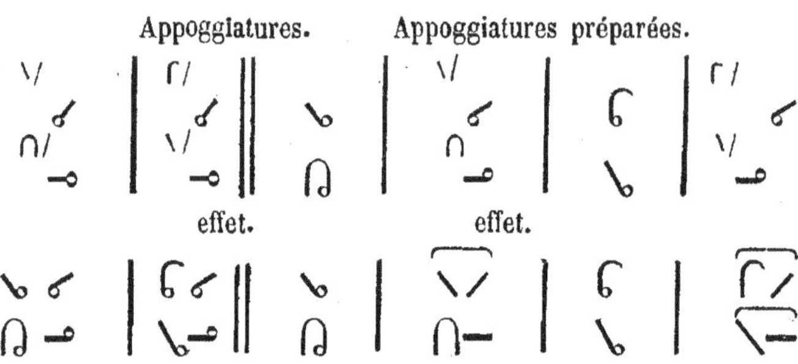

Le mot *appogiature* vient du mot italien *appogiare*, qui signifie appuyer, parce que la note au moyen de laquelle on forme cet agrément, semble prendre la note principale pour point d'appui. Le son de cette petite note doit être un peu renforcé. (Voyez encore page 6, N° 15 des planches lithographiées.) T. 3e

2° Le *gruppetto* est un agrément d'exécution qui consiste dans l'assemblage de 3 petites notes que l'on fait passer rapidement devant une note principale ; ces 3 notes sont la note principale elle-même, précédée de celle qui se trouve sur le degré immédiatement inférieur et suivie de celle qui se rencontre sur le degré supérieur, si le gruppetto est en dessus, et précédée au contraire du degré supérieur et suivie du degré inférieur si le groupe doit être en dessous.

Dans ces deux cas, la note inférieure doit toujours être à distance d'une seconde mineure de la note principale, le gruppetto s'annonce souvent par le signe ∾, dans cette position il indique le gruppetto en dessous, autrement 8 il indique le gruppetto en dessus. Ex.

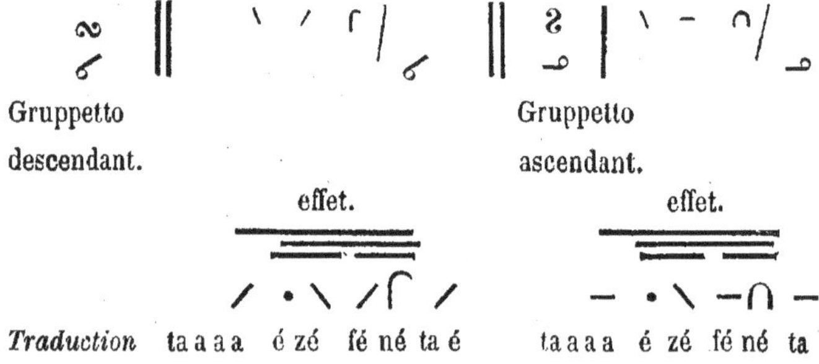

Si la note inférieure du gruppetto doit être diésée ou bécarisée accidentellement, cela se reconnaît par l'existence d'un de ces accidents au-dessous du signe.

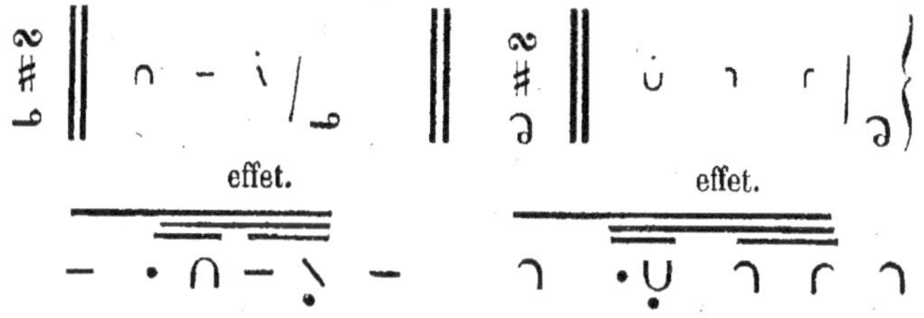

effet. effet.

taaaa é zé fé né taé taaaa é zé fé né taé

(Voyez Nos 16 et 17 des planches.)

Le gruppetto donne du relief à la mélodie, mais il ne doit pas être prodigué outre mesure comme il arrive souvent.

3° Le trill est indiqué par le signe +.

4° Le mordent, par le signe ⱡ. Ces signes se placent sur la note qu'ils affectent.

Voyez à ce sujet les tableaux lithograhiés et leurs explications.

Nos 19 et 20 de la page 6 des planches.

Exercices comparatifs en notation usuelle solfiée par la langue des intonations et traduite par le système de notation mixte fondé sur les signes usuels et sténographiques combinés.

CANONS A DEUX VOIX. — PREMIER SPECIMEN.

1° Gamme à intervalles conjoints *directs* :

N.-B. — 1° Les canons ci-après n'ont été notés que sur les deux clés les plus usitées, et pour les voix intermédiaires des deux genres, c'est-à-dire pour les barytons, ou leur octave les moyens dessus, comme étant les plus à portée des commençants.

Pour les trois canons ci-après, les voix posent et prennent l'intonation sur le point d'orgue. L'exécution du canon ne commence qu'après la barre de reprise.

Le canon est une pièce de musique dans laquelle la mélodie s'accompagne par elle-même, étant prise successivement par 2, 3, 4 ou un plus grand nombre de voix ou d'instruments, à la distance d'un certain nombre de temps ou de mesures, de telle manière que ces voix ou ces instruments forment une harmonie suffisante.

MODE D'EXÉCUTION DU CANON.

1° Chaque canon sera d'abord entonné à l'unisson par tous les registres de voix qui le parcoureront ainsi une première fois dans toute sa longueur et jusqu'à la fin.

2° Puis, le ou les exécutants les premiers inscrits dans l'ordre d'entrée recommenceront seuls, et lorsqu'ils passeront sous le signe § ou sous la lettre A, les deuxièmes inscrits rentreront à leur tour et ainsi de suite pour les autres.

3° Après que la ou les voix les premières inscrites auront parcouru quatre fois le canon, elles s'arrêteront tout-à-coup au point d'orgue ou sur la note qui suit la première barre de reprise pour attaquer ensemble la ou les dernières mesures.

Lorsqu'il y a un coda, il se fait sur le même temps une suspension générale sur toutes les voix, et, après une mesure de silence, tous les exécutants attaqueront le coda final.

Les canons à 2 et 3 parties seulement ne sont répétés que 5 ou 6 fois par les voix inscrites et celles qui suivent.

2° EXERCICES A INTERVALLES CONJOINTS BRISÉS. *N°* 1.

CANON RÉCAPITULATIF.

Sa, da, ra. da ra, ma va, ma. ar, ba. da.
Sou, da, ré. da ré, mi ve, mi. réé, bo. daa.

Les sons prolongés seraient dans le système de Galin pris d'une manière absolue, notés ainsi / • • au lieu de ... et ... au lieu de ... et ... au lieu de ...

Dans la langue des durées ce morceau s'analyserait ainsi :

Mesures 1re taé, aé, aé. | 2e taté, taté, taé. | 3e taé, taé, taé. etc. 11e taé, aé, taé. | 12e où il y a un effet de prolongation : taé, até, taé. | 13e taé, taé, até. | 14e taté, taté, taé. | puis enfin les deux dernières taé, aé, taé. | taé, aé, chuu. | chu u u. Dans ce choix de mesures l'on trouve le modèle suffisant pour pouvoir analyser sans être embarrassé toutes les autres mesures de ces 2 morceaux et des morceaux suivants :

3° Exercices à intervalles conjoints *brisés*. *N°* 2.

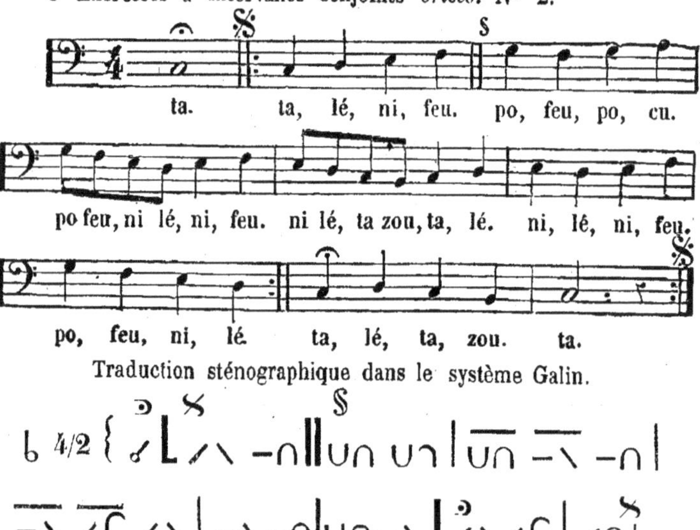

Traduction sténographique dans le système Galin.

Analyse des durées.

ta é aé aé aé | ta é ta é ta é ta é | id. | ensuite

ta té ta té ta é ta é etc. etc.

EXEMPLE DES DIVERSES ASSOCIATIONS DE LA VOYELLE ET DE LA CONSONNE, *par le moyen de la variété des tons musicaux et des modulations dans les deux modes sur des mélodies en canon à* 3, 4, 5, 6, 7, 8, *etc. voix, de plusieurs auteurs.*

4° A 4 parties A, B, C, D. Ton de *ma bi zo* (1).

C'est-à-dire, désignation du ton majeur par les voyelles *a, i, o,* de l'accord parfait majeur.

N.-B. — Voyez, à l'égard des syllabes *oz, am* et autres, du même genre, les observations du n° 39 de l'ouvrage intitulé *Langue des intonations.*

---

(1) Ici nous devons faire une observation qui s'applique à tous les cas analogues. C'est que pour indiquer qu'un morceau est transcrit en notation diatonique, nous mettons sur la clé la note du ton effectif précédé de la lettre *t*, cela veut dire tonique sol, ré, si ♭ etc., quand il n'y a rien ou quand entre la clé et le chiffre de mesure se trouvent des notes diésées ou bémolisées, cela indique que le morceau est transcrit en notation chromatique, et qu'il faut remarquer le ton, non plus par le point de départ, mais par la relation nouvelle que la présence des dièses et des bémols apporte entre les notes pour constituer ce qu'on appelle le ton. Voyez à ce sujet tome II, pages 62 et suivantes.

En marquant à la clé la note d'un ton, pour éviter toute confusion et pour plus de simplicité, nous entendons toujours par cette note celle qui est remplacée par l'ut dans la transcription. Peu importe que cet ut soit l'indice du mode majeur ou la tierce du ton relatif mineur. Le mode n'étant pas indiqué à la clé dans la notation usuelle, il se trouvera ici comme dans cette notation, par les altérations de la sixte et de la quinte, par la finale, et surtout par l'impression de la tierce mineure au début.

Traduction en transcription diatonique. Ton de mi ♭, a sur i ♭.

5° A 3 parties A, B, C. Ton de *ra vi go.*

Traduction id.

en ajoutant une 4e partie D

on le rend à 4 voix.

6° A trois parties A, B, C. Ton de *na pi so*

Cet exercice sans voyelles ne porte que les consonnes, afin que l'élève s'habitue à retrouver les voyelles qu'il faut, et par-conséquent à solfier juste sans secours accessoire.

Traduction id.

7° A 3 parties A, B, C. Ton de *sa ri vo.*

Traduction id.

La 2e mesure dans le système Galin pur se noterait ainsi :

taé a te taé | et la 4e taé à té ta té.

8° A 6 parties A, B, C, D, E, F. Ton de *ga ti no.*

Traduction id.

C | | | ‖ D | | | | ‖ E | | | ‖ F | | | |

La 3e mesure de la strophe D, avec la méthode Galin, se noterait ainsi taaéé taaéfé | taé chuu | la 3e mesure de E taaéé taa éfé | taé chuu, et la 3e mesure de F comme les 2 précédentes par analogie.

9° A 4 parties A, B, C, D. Ton de *za li fo*.

Traduction id. du n° 9.

t 3/2 A | ‖ B | ‖ C | | D |

La 2e mesure de B avec Galin s'écrirait ainsi taé a té taé

10. *Ad libitum* en autant de parties qu'il y a de mesures.
Ton de *ta ni po.*

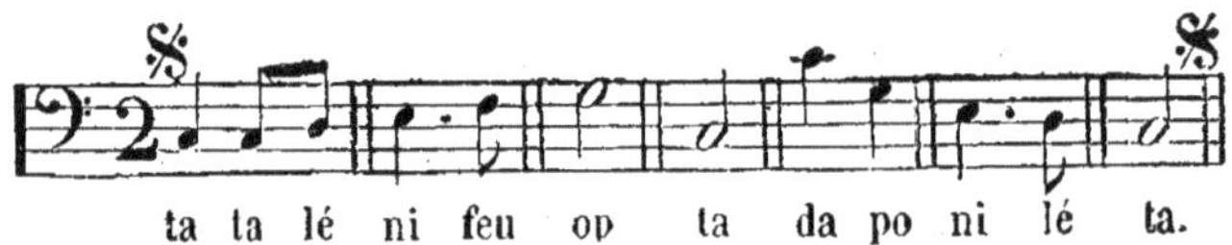

N.-B. — L'on remarquera que la trissyllabe indique non seulement le mode et le ton, mais encore la place du ton sur l'échelle, par conséquent la clé et l'espèce de voix qui lui appartient. Par là s'explique la différence entre *tanipo* et *damibo.*

Traduction id. du nº 10.

♭ 2/2

Pour la 2e mesure et l'avant-dernière — taé a té | taé a té |

11. *Ad libitum* en autant de parties qu'il y a de mesures.
Ton de *da ma ba.*

N.-B. — Cette dénomination est identique à celle de *da mi bo;* elle exprime le deuxième mode d'association de la voyelle avec la consonne, voilà tout.

N. B. — La voyelle *e* employée page 49 suivante sous le ∩ est con-considérée comme la faible de *eu* fort.

N° 11. *Syncopes.*

Langue des intonations da, daa, ré. mi, mii, ve.

bo, taa, zou. ta, boo, ve. mi, da.

Traduction par Galin.

Langue des durées ta té, a té. ta té, a té.

ta té, a té. ta té, a té. ta té, chuu.

La notation usuelle rend évident l'effet de la syncope par le signe de la liaison ; la notation sténographique traduit la manière usuelle d'écrire la syncope ; le système Galin la rend significative ; et de concours avec la langue des durées, la langue des intonations la rend exécutable par la solmisation.

12. *Ad libitum* en autant de parties qu'il y a de mesures.

Ton de *la fi qo.*

13. A 3 parties §, ton de *va gi to.*

a. a,ou,é. é, a, i.

Chez Galin,
la 5e mesure taé, a, té, taé. taé.

14. A 4 parties. Le :§: indique qu'il faut doubler les mesures.
Ton de *ba zi lo.*

taa, té fé, taa téé. taé, ta té. taé taé. taé chu.

15. En autant de parties qu'il y a de mesures. Ton de *ga di mo.*

16. A 4 §. Ton de *va gi to.*

Le même air que le n° 13, mais sur une autre clé.

17. A 3 §. Ton de *pa si Ro.*

18. A 3 §. Ton de *da mi bo.*

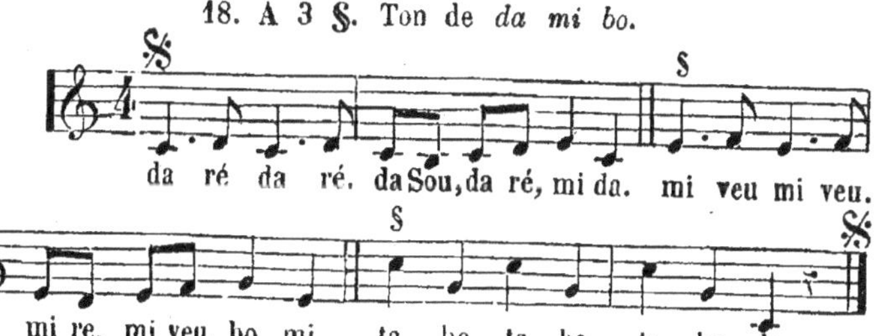

La 1re et la 3e mesure chez Galin se marqueraient taé a té taé a té | etc.

EXEMPLE DU MODE MINEUR, EMPLOI DE LA TOUCHE CH, J, NONOBSTANT LES PRÉCÉDENTES COMBINAISONS.

19. Gamme en duo. Ton de *gu ta ni*, c'est-à-dire désignation du ton mode mineur par les syllabes *u*, *a*, *i*. De l'accord parfait mineur.

(Avec le *f* diésé.)

20. Gamme en duo. Ton de *gu ta ni.*

(Mieux sans le *f* et seulement avec le *p* diésé.)

Etc., etc., etc.

22. A 3 §. Ton de *tu na pi.*

Pour 2, 3 et 4e mesure taé taé aé ta té | ta té taé até taa té fé ta té ta té ta té, etc., etc.

EXEMPLES DE DICTÉE MUSICALE.

Pour la dictée musicale, il faut se servir, comme on le voit, aux exercices ci-joints, de la transcription diatonique indiquée ci-dessus, page 21 de cet abrégé. Les clés, selon le genre de voix adopté, indiquent la consonne qui doit porter la tonique.

Dans la dictée, la consonne est comme le barreau où l'on pose, dans la pensée, la tonique normale, c'est-à-dire la tonique / qui s'appelle *a*.

La diversité d'effets produits par une seule cause, un même principe, et donnant pour résultat toujours le même air précisé dans son mode et sa tonalité par la nouvelle solmisation ou langue des intonations, est sans contredit l'une des conséquences les plus avantageuses de la théorie de la tonalité de la musique exposée au tome II.

Air en majeur.

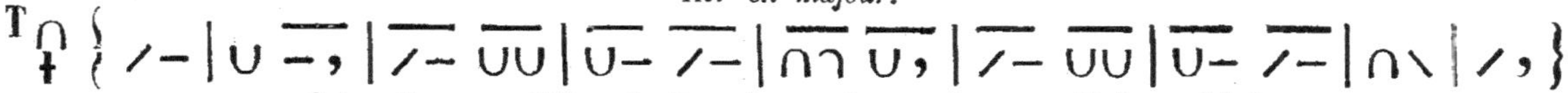

Intonations. — Détermination du mode par les propriétés modales.

+ a, i. | o, i. | a, i, o, o. | o, i, a, i. | eu, u, o. | a, i, o, o. | o, i, a, i. | eu, é. | a.

Détermination du ton par les places tonales.

b z + { v, g. | t, g. | v, g, t, t. | t, g, v, g. | z, l, t. | v, g, t, t. | t, g, v, g. | z, b. | v.

q { d, m. | b, m. | d, m, b, b. | b, m, d, m. | v, g, b. | d, m, b, b. | b, m, d, m. | v, r. | d.

ou bien :

bb zn | { z, l. | f, l. | z, l, f, f. | f, l, z, l. | n, p, f. | z, l, f, f. | f, l, z, l. | n, t. | z.

Par d'autres consonnes fixes à volonté.

Détermination de la mesure, des durées et du rhythme par la langue des durées.

taé taé | taé ta chu | taté taté | taté taté | taté tachu | taté taté | taté taté | taétaé | taé chu

Air en mineur.

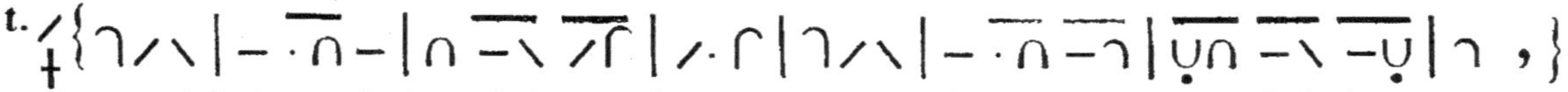

+ { u, a, é, | i, eu, i. | eu, i, é, a, ou. | a, ou. | u, a, é. | i, eu, i, u. | on, eu, i, é, i, on. | uu.

bbb znq + { d, m, v. | b, g, b. | g, b, v, m, r. | m, r. | d, m, v. | b, g, b, t. | z, g, b, v, b, z. | t.

q { q, d, r. | m, v, m. | v, m, r, d, s. | d, s. | q, d, r. | m, v, m, g. | b, v, m, r, m, b. | g.

b b z n | } b, z, t. | l, n, l. | n, l, t, z, g. | z, g. | b, z, t. | l, n, l, p. | f, n, l. t, l, f. | p.

taétaétaé | taé até taé | taé ta té ta té | taéaétaé | taétaétaé | taé até ta té | ta té ta té ta té | taé aé.

APPLICATION DE LA NOTATION MIXTE A LA MUSIQUE VOCALE AVEC PAROLES.

Le chant sans paroles, avec solmisation ou vocalisation, appliqué à l'étude de la musique sur les exercices de solféges, est noté avec avantage d'après le système de *Galin*, lequel a pour but de classifier d'une manière régulière le procédé usuel de noter la durée des sons dans la musique.

C'est ainsi que sont notés les exercices en canon précédents, page 40 et suivantes. Mais pour la notation sténographique de la musique vocale avec paroles, laquelle est un des moyens d'application populaire et facile de la connaissance acquise de la musique apprise par une bonne méthode, nous devons, comme dans la notation usuelle, distinguer entre la musique de solfége ou instrumentale et la musique de chant avec paroles.

Ainsi, tous les signes notés isolément doivent, dans l'exécution, être détachés par autant de syllabes, et les notes, groupées sous une barre de valeur ou un signe de liaison, doivent être coulées par un seul coup de gosier sur la syllabe ou la voyelle en tête des notes groupées. De cette manière, la voix, guidée par l'œil, n'éprouve aucune hésitation, et l'on évite les doubles emplois, inconvénient des écritures mal agencées.

Les chiffres sténographiques, contrairement aux chiffres arabes, peuvent prendre toutes les modifications finales qui les assimilent aux notes usuelles. C'est pour cela que les notes sténographiques représentées par ces chiffres, indépendamment des modifications qu'elles prennent pour toutes les octaves d'une portée de la notation usuelle, peuvent encore, par des modifications finales, figurer avec exactitude les valeurs de durée de la notation usuelle appelées rondes, blanches, noires, croches, doubles et triples croches détachées que nous avons indiquées plus haut, pages 31 et 32. Elles reproduisent dans les deux notations l'analogie du nom avec la forme.

La notation sténographique *mixte* ici exposée ne doit pas être confondue par les lecteurs, nous le répétons, avec la sténographie musicale *pure* exposée aux tableaux lithographiés. Cette dernière sert à la copie de la musique à la main, pour écrire la musique le plus rapidement possible, et même pour faire écrire le chant à l'audition aux musiciens qui en sont capables, tandis que la première, indépendamment de sa spécialité comme notation sténographique des instruments concordants ou polyplectres, sert à la reproduction économique de la musique par la typographie avec les mêmes avantages que les langues trouvent dans cette typographie au moyen des caractères de l'alphabet.

L'on ne saurait arguer de la différence qui existe dans la distinction des durées entre la sténographie musicale *pure* et la notation sténographique *mixte* pour rejeter l'un ou l'autre des 2 modes employés, ou le système d'écriture musicale sténographique tout entier, puisque la même différence dans le sytème d'écriture alphabétique des langues européennes se fait remarquer entre la figure des signes destinés à l'écriture des lettres à la main, et la figure des mêmes signes destinés à la reproduction des lettres par la typographie. Cette différence légère, analogue à celle que nous avons mise dans les deux modes de notation sténographique, n'est pas un obstacle pour les lettrés qui, tout en écrivant et lisant les caractères des écritures à la main, passent également à la lecture des mêmes caractères modifiés par la typographie, tant majuscules que minuscules.

Observations sur le point de prolongation.

Lorsque les notes se prolongent d'une fraction quelconque de leur valeur, au lieu de répéter la note fractionnée liée par un coulé à la précédente, l'on peut employer ou le procédé de Galin, c'est-à-dire le point recouvert des barres horizontales voulues, selon la valeur fractionnaire qu'il représente, ou le procédé de a notation usuelle indiqué page 30, et qui consiste à indiquer le prolongement des notes par des points qui leur donnent une valeur progressive de moitié en moitié, selon leur placement de gauche à droite.

Exemples de l'application des paroles à la notation mixte sur des airs faciles et populaires mis en harmonie.

Des sons échelonnés les uns au-dessus des autres, d'après certaines règles, de manière à produire dans leur émission simultanée un effet agréable, constituent ce que l'on appelle des accords. Les accords sont arpégés ou plaqués. Ils sont arpégés lorsque les sons se font entendre les uns après les autres, de bas en haut ou de haut en bas. Ils sont plaqués lorsque les sons sont produits simultanément. Une suite d'accords sur une période, s'appelle harmonie. L'écriture ou notation des diverses parties de l'harmonie, en regard les unes des autres, s'appelle partition. Pour l'exécution des parties détachées de la partition par autant de voix ou d'instruments distincts dont la réunion doit former l'harmonie, il suffit aux exécutants de connaître le rapport mélodique des intervalles et les coupes du phrasé musical. Mais pour composer une partition, il faut connaître, indépendamment de la phraséologie musicale, le rapport caractéristique des intervalles formant accord. L'étude des accords se fait alors par arpèges sur les partitions, en prenant tantôt le haut, tantôt le bas de ces accords. Lorsque l'élève possèdera par cœur un grand nombre de partitions dont les accords seront sus, et par arpèges, et dans leur succession par phrases harmoniques, il pourra les analyser suivant les procédés indiqués au tome II (Théorie), section 4, page 91 et suivantes. La musique vocale d'harmonie à plusieurs voix, imprimée à la suite de cette méthode et publiée par livraisons, est toujours disposée en partition selon le nombre de voix qui doivent l'exécuter. Elle peut, en conséquence, servir non seulement de moyen d'exécution pratique, mais encore de thême à l'étude de l'harmonie et à son analyse au moyen du procédé que nous indiquons.

N. B. — Cet opuscule est terminé par quelques pages de partitions vocales, donnnant le spécimen des chœurs et chansons populaires qui doivent être publiés en notation sténographique MIXTE, dans le but de fournir aux étudiants en musique des exercices préparatoires à la sténographie musicale PURE, ou art d'écrire le chant aussi vite qu'il est émis.

TABLE DES MATIÈRES

CONTENUES DANS L'ABRÉGÉ.

FIN DE LA TABLE DE L'ABRÉGÉ.

ERRATA.

Page 11, 4e avant-dernière ligne. Au lieu d'*adopté*, lisez *adapté*.

Pages 19 et 20. Comme la lettre *F* sert à indiquer le forté, nous supprimerons dorénavant l'indication du mot *fin* par *F* employé avec les chiffres de reprise et mis à côté d'eux. Pour l'indication du mot *fin*, nous remplaçons la lettre *F* par le zéro. Ainsi, l'endroit où sera mis le zéro sera celui où l'on devra finir.

Page 21. Aux syllabes, sous la portée usuelle, au lieu de *ti*, *deu*, etc., lisez *Si*, *deu*.

Observation à ceux qui adoptent la solmisation nouvelle.

Dans la pratique, l'on a substitué à la voyelle nasale *une*, pour nommer la sensible bémolisée ou la sus-dominante diésée, la syllabe *ul*, comme plus euphonique et sonnant avec les consonnes voulues, *zul*, *gul*, etc., etc., pour ʖ ⁊ etc., etc.

Lorsque la musique est en partition, les signes • (et ı se mettent toujours sous la note, afin que l'œil n'hésite pas entre les 2 notes concordantes.

N° 1. **LE PRINTEMPS**, air mis à 3 voix, par BATTON.

1 Triste hi - ver, ta pâle ar - deur a chas - sé joie et bon-heur. Du prin-temps le
2 Des fleurs que j'ai vu mou - rir, on n'a que le sou - ve - nir; leur par-fum n'est

gai sou - ri - re, sous les noirs fri - mats ex - pi - re. Re-viens prin-tems à nos yeux
plus qu'un son - ge qui trop long-tems se pro-lon - ge; re

mon-trer ton front ra - di - eux.

N. B. — Les notes isolées par un double filet indiquent la place des sons pour le passage d'une partition à l'autre.

N° 2. **LE CHANT POPULAIRE**, par SPAETH.

ANDANTE.

1 Prê-tez l'o - reil - le, l'é - cho s'é - veil - le, peu-ple fran - çais. Chant po-pu-
2 Cet - te harmo - ni - e douce et ché - ri - e dans ce sé - jour nous vint trem-
3 Mais doux pré - sa - ge, l'on en - cou - ra - ge ses nour - ris - sons, et la pa-

R. F. P.

lai - re viens et pros - pè - re par nos pro - grès.
blan - te et chan - ce - lan - te le pre-mier jour.
tri - e semble at-ten - dri - e par nos chan - sons.

N° 7. **AIR ANCIEN DE CHASSE**, mis à 3 voix, par PANSERON.

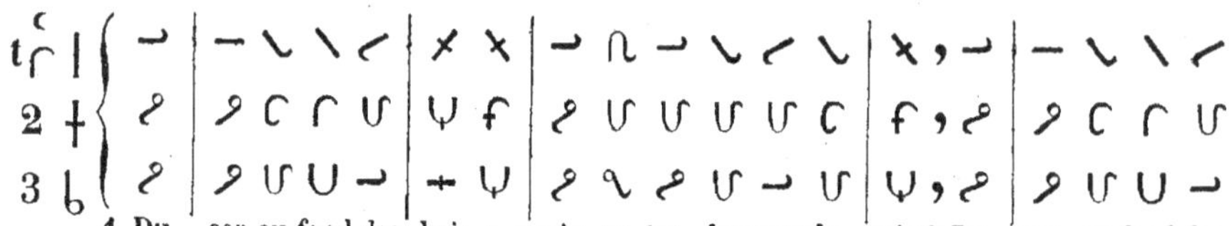

1 Du cor, au fond des bois, a - mis en-ten-dez-vous la voix ? Du cor, au fond des
2 Par les chiens a-ver - ti, dé - jà l'a-ni-mal est par - ti ; par les chiens a-ver-
3 A la ruse, aux dé-tours, d'a-bord la vic-time a re-cours ; à la ruse, aux dé-
4 Mais à tra - vers l'é-tang, le cerf plon-ge tout ha - le - tant ; mais à tra - vers l'é-
5 Mais l'a - ni-mal cer - né con-tre l'en - ne - mi s'est tour - né ; mais l'a - ni - mal cer-

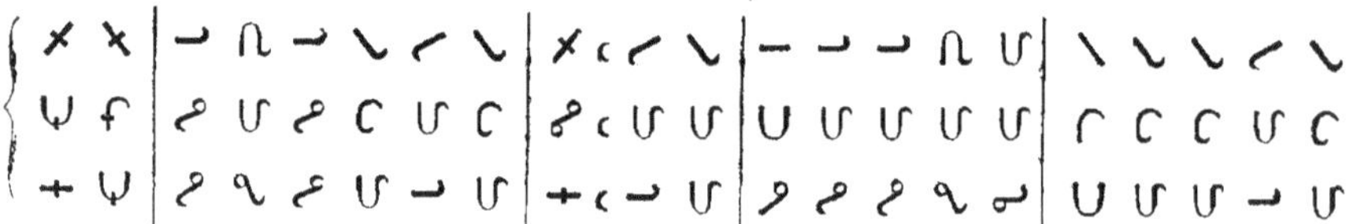

1 bois, a - mis en-ten-dez-vous la voix ? En a - vant cour-siers pi-queurs et li-miers, car le
2 ti, dé - jà l'a - ni-mal est par - ti ; d'un es - sor lé - ger, il fuit le dan - ger, et com-
3 tours d'a-bord la vic-time a re-cours ; sur quel-qu'un des siens, dé-pis-tant les chi - ens qui
4 tang, le cerf plon-ge tout ha - le - tant ; aus-si prompts que lui, les chiens l'ont sui-vi ; le flot
5 né con - tre l'en-ne-mi s'est tour - né ; plus d'un as - sail-lant re-tombe ex - pi-rant ; son no-

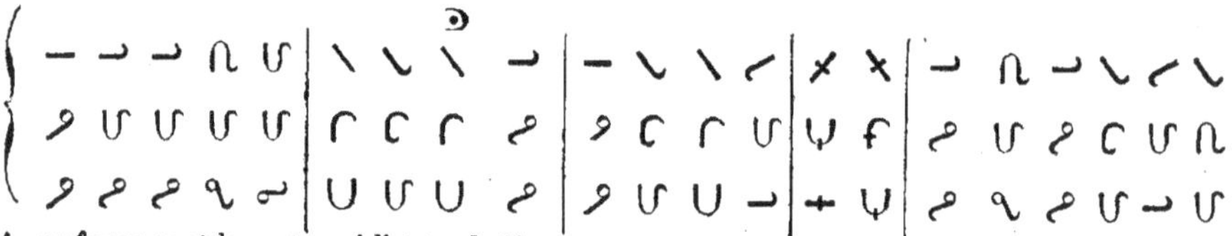

1 cerf pres-sent le sort qui l'at-tend. Chas-seurs é - lan-cez-vous, bien-tôt la vic-toire est à
2 me le vent, il vo - le de-vant tay - aut, a - mis, tay-aut, nous sau-r. l'at-tein-dre bien-
3 japent con-fus de se voir dé-çus ; mais un li - mier bien-tôt ra-mène la meu - te en dé-
4 é - cu-meux jaill-it au-tour d'eux, tay-aut, a - mis, tay - aut, nous sau-r. l'at-tein-dre bien-
5 ble mal-heur é-ment le vain-queur ; frap - pé d'un trait sou-dain, il suc-combe, à nous le bu-

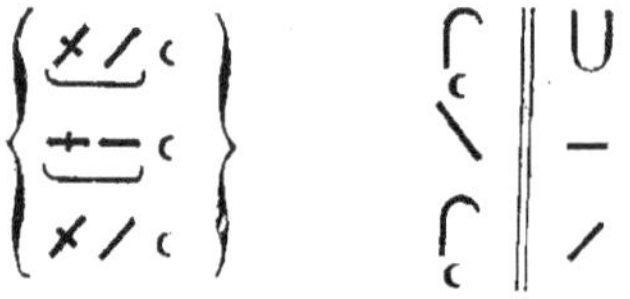

1 nous.
2 tôt.
3 faut.
4 tôt.
5 tin.

N° 9. **CHANT D'ÉCOLE.** Sortie de Classe. Pas redoublé.

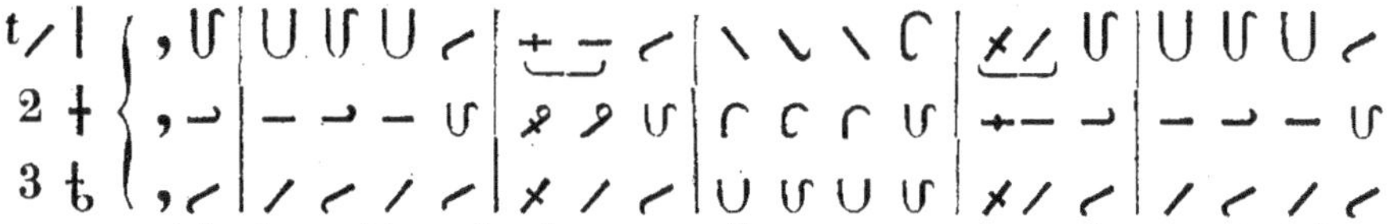

2
3

1 La classe est ter - mi - né - e, re - ti-rons-nous con - tents, fi - nir cet - te jour-
2 D'ac-qué-rir la sa - ges - se soy - ons tou-jours ja - loux ; tra - vail-lons y sans

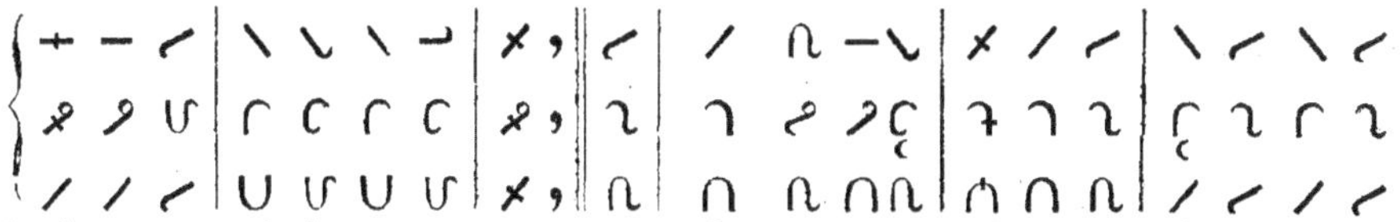

1 né - e au - près de nos pa - rents ; que de-main nous ra - mè - ne a - près un doux re-
2 ces - se, Dieu nous bé - ni - ra tous. Sei - gneur, sur notre en - fan-ce, ré-pands tous tes bien-

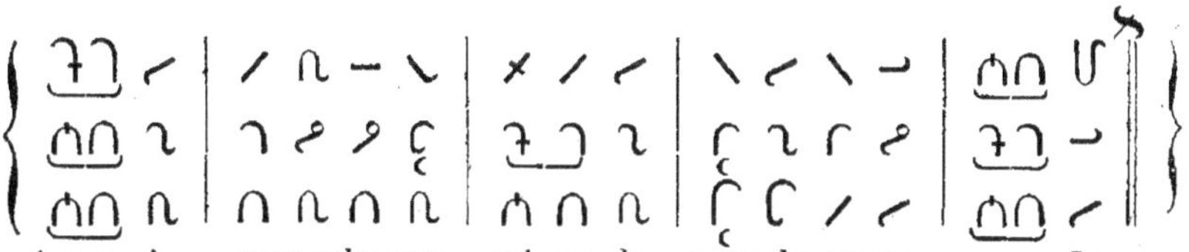

1 pos, à re-pren-dre sans pei - ne le cours de nos tra - vaux. La
2 faits ; qu'en vers nous ta clé - men-ce ne ta - ris - se ja - mais. D'ac -

N° 10. **CHANT MILITAIRE.** Pas redoublé, à 4 voix.

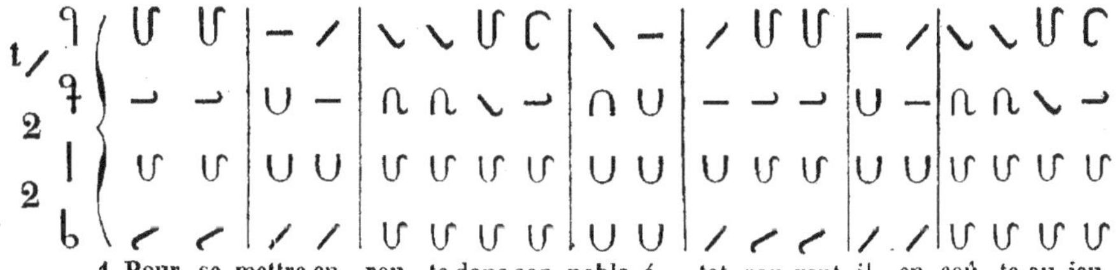

2
2

1 Pour se mettre en rou - te dans son noble é - tat, sou-vent il en coû - te au jeu-
2 Aus - si du vil - la - ge par-tant à re - gret, ce n'est qu'en voy-a-ge qu'un tr.
3 D'a - bord il s'obs - ti - ne à ne pas chan-ter; puis, sim-ple ma-chi-ne, il va
4 Mais plus il a - van - ce, et plus son cha - grin cè - de à la ca - den-ce de ce
5 Vienne u - ne ba - tail - le, le hé - ros d'un jour bra - ve la mi - trail-le au son
6 Près de son vieux pè-re, quand il re - vien-dra, no - tre mi - li - tai-re long-tems

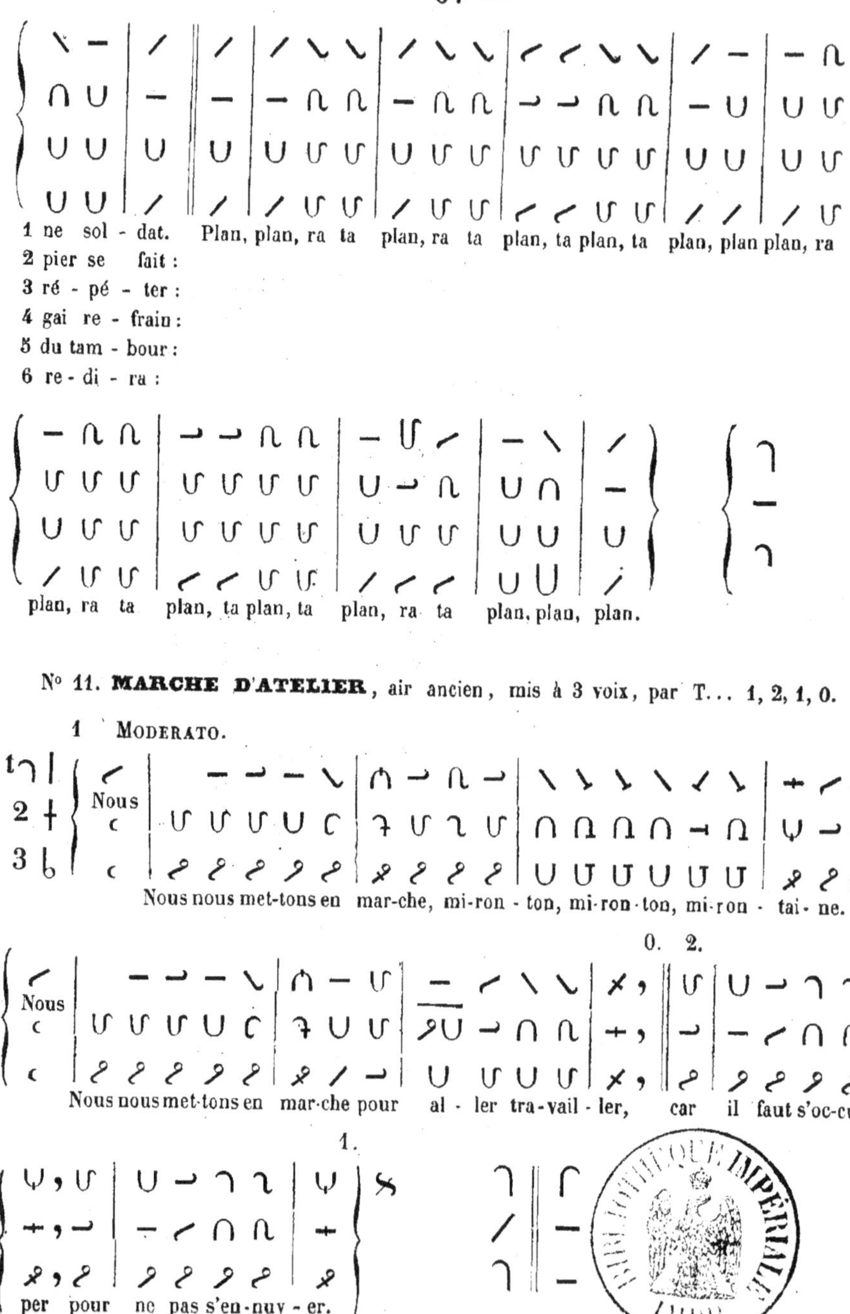

Abbeville. — Imp. JEUNET, rue Saint-Gilles, 108.

OUVRAGES SUR LA MUSIQUE

Du même auteur ou d'après le même système.

BROCHURES.

Signes typographiés de la Sténographie musicale...	»»	50 c.
Parallèle des notations usuelle et sténographique, par LOMBART.	»»	50
De l'Art d'écrire aussi vite que parle un orateur.........	»»	50
Deux brochures sur la Musique et le Chant religieux........	1	25
Extrait des Mémoires de la Société d'Emulation d'Abbeville, sur la Sténographie Musicale (moins les tableaux qui sont épuisés) 1842	1	50
Langue des intonations (extraits des mêmes Mémoires, 1847)..	1	50

OUVRAGES DIDACTIQUES.

Dernier système de Sténographie de CONEN de PRÉPÉAN....	4	50
Méthode complète de Musique, notation usuelle et sténographie musicale démontrées réciproquement. (En trois volumes.)		
1er. Pratique de la musique: Solféges progressifs et simultanés. (Mélodie et Harmonie.)		
2e. Théorie ou Grammaire musicale comparée.		
3e. Exposé et explication complète, d'après les tableaux lithographiés, de l'art d'écrire le chant aussi vite qu'il est émis.		
Chaque volume séparé, 5 fr. Les trois volumes réunis.....	12	»»
Abrégé des trois volumes pour les cours................	1	50
Petit Manuel de Musique Militaire	1	50
Exercices de Solfége et Syllabaire réunis, pour apprendre la lecture de la langue française et la musique (notation usuelle) en même temps et l'une par l'autre.............	5	»»
Abrégé du Syllabaire-Solfége pour les écoles.............	»»	50

APPLICATIONS DE LA NOTATION STÉNOGRAPHIQUE.

(PUBLICATIONS PRATIQUES.)

Livre choral où toutes les mélodies adoptées et chantées dans les églises en France sont notées d'après la sténographie musicale *mixte*. (En deux ouvrages.)		
1er. Recueil de toutes les mélodies usuelles et connues des cantiques de paroisse et de missions, mises à trois voix, par Henri CANAPLE.................................	3	50
2e. Paroissien romain complet, contenant le vrai chant grégorien, rectifié d'après les anciens manuscrits, noté en sténographie musicale, conformément aux principes unitaires de la notation grégorienne. (En deux volumes.)		
1er. Graduel..	3	»»
2e Antiphonier..	3	»»
Abrégé de ces 2 volumes. (Manuel pour les chants communs.)	1	»»
Méthode de chant grégorien..............................	1	50

OUVRAGES PARAISSANT PAR LIVRAISONS. CHOEURS.

(LIVRAISONS PARUES.)

MUSIQUE RELIGIEUSE.	Cantiques	1 liv.	20 c.
	Pour offices du matin; Messes	1 liv.	20
	Pour offices du soir: Motets.........	1 liv.	20
MUSIQUE PROFANE.	Récréations vocales pour sociétés musicales.	1 liv.	20

Abbeville. — Imp. Jeunet.

www.ingramcontent.com/pod-product-compliance
Lightning Source LLC
LaVergne TN
LVHW020049170826
845678LV00001B/499

9782329682426